保育士
資格取得
特例教科目
テキスト
シリーズ

福祉と養護
【第3版】

「福祉と養護」編集委員会 編

JN118907

みらい

■執筆者一覧 (五十音順)

井出 沙里 (いで さり)	姫路福祉保育専門学校	第1章1節
今村裕紀子 (いまむら ゆきこ)	大阪保健福祉専門学校	第4章1節1〜8項
上田 征三 (うえだ ゆくみ)	東京福祉大学	第7章6節
大津 泰子 (おおつ やすこ)	近畿大学九州短期大学	第2章
蠣﨑 尚美 (かきざき なおみ)	聖ヶ丘保育専門学校	第7章1節
車川 豊 (くるまがわ ゆたか)	元園田学園女子大学	第4章1節9項、3・4節
小﨑 恭弘 (こざき やすひろ)	大阪教育大学	第8章7節
坂本 真一 (さかもと しんいち)	桜の聖母短期大学	第5章1節
佐藤 貢一 (さとう こういち)	元玉川大学	第4章2節13項
佐藤 高博 (さとう たかひろ)	つくば国際短期大学	第7章3・4節
重松 義成 (しげまつ よしなり)	OSJとよなかケアスクール	第4章2節1〜12項
菅原 温 (すがわら あつし)	社会福祉法人仙台キリスト教育児院	第3章3節
伊達 悦子 (だて えつこ)	元作新学院大学	第1章2節、第3章1節
谷口 卓 (たにぐち たかし)	金沢学院大学	第7章7節
戸田 朱美 (とだ あけみ)	元和泉短期大学	第7章5節
隣谷 正範 (となりや まさのり)	飯田短期大学	第5章2節
野田 敦史 (のだ あつし)	高崎健康福祉大学	第8章5節
波田埜英治 (はた のえいじ)	聖和短期大学	第7章8・9節
平田美智子 (ひらた みちこ)	元文教大学	第7章2節
前田 信一 (まえだ しんいち)	元こども教育宝仙大学	第8章6節
村田 一昭 (むらた かずあき)	愛知県立大学	第6章
森 時尾 (もり ときお)	特定非営利活動法人学ボラ・サポート・プロジェクト事務局	第8章1〜3節
山田 利子 (やまだ としこ)	元武蔵野大学	第1章3節、第3章2節
和田上貴昭 (わだがみたかあき)	日本女子大学	第8章4節

はじめに

　平成24年に成立した「就学前の子どもに関する教育、保育等の総合的な提供の推進に関する法律の一部を改正する法律」（改正認定こども園法）により、新たな「幼保連携型認定こども園」が創設され、同時に幼稚園教諭免許と保育士資格の両方を有する「保育教諭」が位置づけられた。

　これに伴い、幼保連携型認定こども園の職員配置の経過措置として、改正認定こども園法の施行後5年間は、幼稚園教諭免許、または保育士資格のいずれかを有していれば保育教諭として勤務できることとなったが、この間にもう一方の免許・資格を取得する必要がある。

　国は、この経過措置期間中に幼稚園教諭免許を有する者における保育士資格取得を促進するために、「保育士資格の取得に必要な単位数の特例」（特例教科目）を設けて、以下の4教科目8単位を履修することにより、保育士資格を取得できる制度を実施することとなった。なお、2019年度に保育士養成課程カリキュラムの改正にともない、一部科目が変更されている。

　①福祉と養護（講義・2単位）
　②子ども家庭支援論（講義・2単位）
　③保健と食と栄養（講義・2単位）
　④乳児保育（演習・2単位）

　このうち、①～③の3教科目は、この特例制度のために特別に位置づけられた教科目であり、本来の保育士資格取得に必要ないくつかの科目を合わせた内容で構成されている。

　①の「福祉と養護」の特例教科目は、保育士資格取得に必要な「社会福祉」「子ども家庭福祉」「社会的養護Ⅰ」の3教科から、特に幼稚園教諭の勤務経験等を考慮して、「社会福祉・子ども家庭福祉・社会的養護の意義と役割、制度の実施体系等」と「施設養護の実際」など、幼稚園等の勤務経験では得られない内容を中心にシラバスが示されている。

　本書は、「福祉と養護」に対応したテキストとして、シラバスに示された幅広い内容を網羅しつつコンパクトにまとめ、2単位という限られた学びの時間のなかで通学、集中講義、通信教育などの履修形態を選ばず効率的に学習できるよう編集した。なお、第3版では、カリキュラム改正にともなう見直しや近年の法改正等をふまえた修正をしている。

　本書での学びが保育教諭としての実践に役立てれば幸いである。

　令和1年12月

　　　　　　　　　　　　　　　　「福祉と養護」編集委員会　一同

目　次

はじめに

第1章　現代社会における社会福祉・子ども家庭福祉および社会的養護の意義

1．社会福祉の理念と概念 ……………………………………………………………10

　(1)　社会福祉の意味　／10

　(2)　社会福祉の定義─広義の社会福祉と狭義の社会福祉　／10

　(3)　社会福祉の役割と視点　／12

　(4)　社会福祉の構造　／13

　(5)　ノーマライゼーションとソーシャルインクルージョン　／15

2．現代社会と子ども家庭福祉 ………………………………………………………16

　(1)　子育ち・子育てと子ども家庭福祉　／16

　(2)　子ども家庭福祉における保育士の役割と活動領域　／16

　(3)　家庭の変化と子ども　／18

　(4)　男女共同参画と子ども家庭福祉　／19

3．社会的養護の理念と基本原理 ……………………………………………………20

　(1)　社会的養護の理念　／20

　(2)　社会的養護の基本原理　／21

第2章　社会福祉・子ども家庭福祉の歴史的変遷

1．社会福祉・子ども家庭福祉の歴史的変遷1 ……………………………………24
　　─イギリスにおける社会福祉の歴史

　(1)　中世期の貧民救済と救貧法　／24

　(2)　産業革命と新救貧法の制定　／24

　(3)　慈善組織協会の創立とセツルメント運動のはじまり　／25

　(4)　第二次世界大戦後の福祉国家体制の確立　／25

　(5)　コミュニティ・ケア改革と新しい福祉国家　／26

2．社会福祉・子ども家庭福祉の歴史的変遷2 ……………………………………27
　　─アメリカにおける社会福祉の歴史

　(1)　植民地時代から独立後の貧民救済　／27

　(2)　民間慈善団体・セツルメント運動からソーシャルワークへの発展　／27

　(3)　社会保障法の成立　／28

　(4)　1980年代以降のアメリカの社会福祉　／28

３．日本における社会福祉・子ども家庭福祉の歴史 ‥‥‥‥‥‥‥‥‥‥29

　(1)　明治期以前の貧困救済　／29

　(2)　明治維新後の貧困救済　／29

　(3)　民間慈善事業活動　／30

　(4)　大正期から第二次世界大戦終了までの救済事業　／30

　(5)　戦後の社会福祉の展開―福祉三法体制から福祉六法体制へ　／31

　(6)　福祉の見直しと福祉改革　／31

　(7)　新しい社会福祉の基盤整備　／32

　(8)　社会福祉基礎構造改革と社会福祉の新しい展開　／33

　(9)　社会保障と税の一体改革と社会福祉の動向　／34

第3章　社会福祉と子ども家庭福祉の役割

１．社会福祉分野としての子ども家庭福祉 ‥‥‥‥‥‥‥‥‥‥‥‥‥‥36

　(1)　児童福祉法・児童憲章の理念　／36

　(2)　子ども家庭福祉の対象・領域とその変化　／37

　(3)　子どもに関する地域福祉活動　／37

　(4)　保育士と地域福祉活動　／39

２．子ども家庭福祉分野としての子育て家庭支援・社会的養護 ‥‥‥‥‥40

　(1)　子育て家庭支援と社会的養護の接点　／40

　(2)　「新しい社会的養育ビジョン」と社会的養護―定義と全体像―　／41

　(3)　児童福祉法に規定された「代替養育」―家庭で育つ権利の保障―　／42

３．子どもの権利と権利擁護 ‥‥‥‥‥‥‥‥‥‥‥‥‥‥‥‥‥‥‥44

　(1)　基本的人権と子どもの権利　／44

　(2)　児童権利宣言　／45

　(3)　児童の権利に関する条約　／45

　(4)　権利擁護とは　／46

　(5)　国における権利擁護の取り組み　／47

　(6)　地方公共団体などの権利擁護の取り組み　／48

　(7)　施設における権利擁護の取り組み（利用者保護・評価）　／49

第4章　社会福祉と子ども家庭福祉の法体系と実施体制

１．社会福祉の法体系と財政 ‥‥‥‥‥‥‥‥‥‥‥‥‥‥‥‥‥‥‥51

　(1)　社会福祉法　／51

　(2)　生活保護法　／52

　(3)　児童福祉法　／53

　(4)　身体障害者福祉法　／54

　　⑸　知的障害者福祉法　／54

　　⑹　老人福祉法　／54

　　⑺　母子及び父子並びに寡婦福祉法　／55

　　⑻　その他の社会福祉関係法　／55

　　⑼　福祉の財源　／57

　2．子ども家庭福祉の法体系と財政　‥‥‥‥‥‥‥‥‥‥‥‥‥‥‥‥‥‥‥‥58

　　⑴　児童福祉法による児童等の定義　／58

　　⑵　児童扶養手当法　／59

　　⑶　特別児童扶養手当等の支給に関する法律　／59

　　⑷　母子保健法　／60

　　⑸　児童手当法　／61

　　⑹　児童買春、児童ポルノに係る行為等の規制及び処罰並びに児童の保護等に関する法律（児童買春禁止法）　／61

　　⑺　児童虐待の防止等に関する法律　／62

　　⑻　配偶者からの暴力の防止及び被害者の保護等に関する法律（DV防止法）　／62

　　⑼　少子化社会対策基本法　／63

　　⑽　少年法　／63

　　⑾　子ども・子育て支援法　／63

　　⑿　子どもの貧困対策の推進に関する法律　／64

　　⒀　子ども家庭福祉の財政と費用負担　／64

　3．社会福祉・子ども家庭福祉の行政機関　‥‥‥‥‥‥‥‥‥‥‥‥‥‥‥‥66

　　⑴　厚生労働省　／66

　　⑵　社会保障審議会　／66

　　⑶　都道府県、市町村の福祉行政　／67

　　⑷　福祉事務所　／67

　　⑸　児童相談所　／68

　　⑹　身体障害者更生相談所　／68

　　⑺　知的障害者更生相談所　／68

　　⑻　婦人相談所　／69

　4．福祉の民間専門機関と団体　‥‥‥‥‥‥‥‥‥‥‥‥‥‥‥‥‥‥‥‥‥‥69

　　⑴　社会福祉法人　／69

　　⑵　社会福祉協議会　／70

　　⑶　NPO法人　／71

第5章　社会福祉と子ども家庭福祉の施設と専門職

　1．社会福祉と子ども家庭福祉の施設　‥‥‥‥‥‥‥‥‥‥‥‥‥‥‥‥‥‥73

　　⑴　社会福祉施設とは　／73

　　⑵　社会福祉施設の意義　／73

⑶　社会福祉施設の施設数　／74

⑷　社会福祉施設の経営主体　／75

⑸　社会福祉施設の種類　／75

⑹　社会福祉施設の設備及び運営に関する基準　／75

⑺　社会福祉施設の措置費負担割合　／77

２．社会福祉と子ども家庭福祉の専門職 ……………………………………………79

⑴　資格分類別の意味・構造　／79

⑵　保育士　／80

⑶　社会福祉士　／81

⑷　介護福祉士　／81

⑸　精神保健福祉士　／82

⑹　行政機関に携わる社会福祉関連の専門職　／82

⑺　子どもに携わる社会福祉関連の専門職　／84

⑻　医療・介護・障害に携わる社会福祉関連の専門職　／86

第6章　社会的養護の実施体制と仕組み

１．社会的養護の体系 ……………………………………………………………………88

⑴　社会的養護体系の概要　／88

⑵　施設養護の種類　／89

⑶　家庭養護の種類　／91

２．社会的養護の実施体制 ………………………………………………………………92

⑴　相談機関と支援体制　／92

⑵　児童相談所　／92

⑶　市町村　／95

⑷　要保護児童対策地域協議会　／96

⑸　児童家庭支援センター　／96

⑹　児童委員・主任児童委員　／96

３．措置制度と利用契約制度 ……………………………………………………………97

⑴　措置制度　／97

⑵　利用契約制度　／98

⑶　公的契約制度（子ども・子育て支援方式）　／99

第7章　子ども家庭福祉の現状と課題

１．母子保健 …………………………………………………………………………… 100

⑴　母子保健の目的　／100

⑵　母子保健のサービス体系　／100

 (3) 健康診査（母子保健法第12条、13条）／100

 (4) 保健指導（母子保健法第10条）／102

 (5) 医療対策等（母子保健法第20条）／103

 (6) 「健やか親子21」について／103

2．子どもの健全育成 ……………………………………………………… 104

 (1) 児童厚生施設（児童館・児童遊園）／105

 (2) 放課後児童健全育成事業（放課後児童クラブ）／105

 (3) 放課後子ども総合プラン（放課後子供教室・放課後児童クラブ）／105

 (4) 地域組織活動／106

 (5) 優良な児童福祉文化財の推薦／106

3．子ども虐待 ……………………………………………………………… 106

 (1) 子ども虐待の分類／106

 (2) 子ども虐待の実態／107

 (3) 子ども虐待への対応／107

 (4) 子ども虐待と児童福祉施設／109

4．DV（ドメスティック・バイオレンス）…………………………… 109

 (1) DVの現状／109

 (2) DVへの対応／110

5．社会的養護 ……………………………………………………………… 111

 (1) 社会的養護の状況／111

 (2) 社会的養護で求められているもの／113

 (3) 社会的養護の充実に向けて／114

6．障害のある子どもへの対応 …………………………………………… 115

 (1) 障害のある子どもの現状／115

 (2) 障害のある子どもへの対応／116

7．少年非行 ………………………………………………………………… 118

 (1) 非行少年保護にかかわる法制度／118

 (2) 非行の要因と背景／119

 (3) 非行少年への対応／121

8．子どもの貧困対策 ……………………………………………………… 124

 (1) 子どもの貧困の実態／124

 (2) 子どもの貧困対策の推進に関する法律／125

 (3) 子供の貧困対策に関する大綱／125

 (4) 新しい子どもの貧困対策／126

9．外国籍の子どもへの支援 ……………………………………………… 128

⑴　外国籍の子どもの実態　／128

⑵　外国籍の子どもの貧困について　／128

⑶　帰国・外国人児童生徒に対する支援政策　／129

⑷　今後の対応策　／129

第8章　施設養護の実際

1．施設養護の基本原理　……………………………………………………………… 131

⑴　施設養護の特質　／131

⑵　施設養護の基本原理　／131

⑶　施設運営指針に基づく支援　／133

2．施設養護の展開過程　……………………………………………………………… 133

⑴　アドミッションケア　／133

⑵　インケア　／133

⑶　リービングケア　／134

⑷　アフターケア　／134

3．施設養護のインケアの実際　……………………………………………………… 135

⑴　個別化に基づく支援　／135

⑵　日常生活の支援　／135

⑶　治療的支援　／136

⑷　集団の活用　／137

⑸　家族への支援　／137

⑹　自立支援　／138

⑺　地域の子育て支援　／139

⑻　社会参加　／139

4．施設養護の実際（児童養護系施設）　…………………………………………… 140

⑴　乳児院　／140

⑵　母子生活支援施設　／141

⑶　児童養護施設　／141

5．施設養護の実際（障害児系施設）　……………………………………………… 142

⑴　障害児入所施設　／142

⑵　児童発達支援センター　／145

6．施設養護の実際（治療・行動系施設）　………………………………………… 146

⑴　児童心理治療施設　／146

⑵　児童自立支援施設　／147

索引　／150

第 **1** 章

現代社会における社会福祉・子ども家庭福祉および社会的養護の意義

---

1 社会福祉の理念と概念

(1) 社会福祉の意味

　社会福祉は、人々の生活と密接にかかわっている。人々が互いに助け合いながら、人間らしい生活を送るということが社会福祉の意味に含まれている。そのため、社会福祉は、国、時代、民族、政治、経済、文化などを背景とした人々の生活と、そこに生きる人々の生活問題、社会問題に対して、権利の観点から常にその必要性が求められて発展してきたといえる。

　また、社会福祉は、個人の生活問題、社会問題を単に社会現象としてとらえるのではなく、そのなかから、社会福祉が取り組むべき問題を発見し、さらにその問題解決のための援助の原理、原則、あるいは制度と実践、社会関係などのさまざまな要素を用いて、総合的な視点で考えるものであり、これが社会福祉の固有性といえる。

(2) 社会福祉の定義─広義の社会福祉と狭義の社会福祉

　社会福祉は、広義には人間らしい生活、幸せな状態をつくることなどを指して用いられる場合と、狭義の実際的な政策、制度、実践などを指して用いられる場合がある。前者を目標概念あるいは理念型社会福祉といい、それに対して後者を実体概念、実践型社会福祉という。

　すべての人の幸福な状態を明確に定義することは難しい。物質的に豊かでなくても、にこやかに笑顔でいきいきと生活している人もいれば、大都会で何不自由なく快適に過ごしているようにみえても不満を抱え、不幸だと思って生活している人もいる。しかし、この目標概念、理念型社会福祉は、すべての人を対象に社会福祉の法制度や政策、さらにはその実践において社会福

祉のめざすべき方向性を意味づける重要な考え方となっている。

　一方で社会福祉は、抽象的な理念や不明確なとらえ方ばかりではなく、実際の人々の生活問題、社会問題のなかにある社会福祉問題に取り組む実践活動でもある。その意味で、問題解決のための具体的な法制度や施策、さらに社会的サービスとそれらを有効かつ適切に結びつけるための専門的な援助の方法論などを含めて社会福祉と考えることができる。

　社会福祉は、不利な状況にある特別な人々・集団が利用するイメージが根強い。生存権の精神に則るならば、その範囲は「すべての国民が利用可能な権利システムとしての社会福祉」という解釈がなされる。

　憲法第25条に明記されている「社会福祉」は、「社会保障」や「公衆衛生」と並列に明記されている。これらの位置づけを明確化し、社会保障制度の枠組みを提示したものが、1950（昭和25）年の社会保障制度審議会「社会保障制度に関する勧告」である。

　この勧告では、社会保障制度とは「疾病、負傷、分娩、廃疾、死亡、老齢、失業、多子その他困窮の原因に対し、保険的方法又は直接公の負担において経済保障の途を講じ、生活困窮に陥った者に対しては、国家扶助によって最低限度の生活を保障するとともに、公衆衛生及び社会福祉の向上を図り、もって、すべての国民が文化的社会の成員たるに値する生活を営むことができるようにすること」と説明している。その上で、社会福祉を「国家扶助の適用をうけている者、身体障害者、児童、その他援護育成を要する者が、自立してその能力を発揮できるよう、必要な生活指導、更生補導、その他の援護育成を行うことをいうのである」と規定した。このように、社会保障の概念は「社会保険、国家扶助、公衆衛生、社会福祉」の４つの領域で構成され、「社会保障」をこれら４領域の上位概念として位置づけている[1]。

図1-1　わが国における社会保障体系

```
            ┌─社会保険
            ├─国家（公的）扶助
社会保障──┤─公衆衛生
            └─社会福祉─国家扶助適用者・身体障害者・児童・その他要援護育成者
```

資料：社会保障制度審議会「社会保障制度に関する勧告」1950年を筆者が図式化

(3) 社会福祉の役割と視点

基本的人権、生存権保障としての社会福祉

　社会福祉の制度や政策の基本理念は、日本国憲法に規定する第11条の基本的人権の保障、第13条の生命、自由及び幸福追求権、第25条の健康で文化的な最低限度の生活を営む権利（生存権）などにみることができる。なかでも、憲法第25条は、社会福祉に関する国の努力義務と国民の最低生活の保障（ナショナルミニマム）を規定している。これらの権利保障は、制度や政策として実施されることにおいて実現するものである。ナショナルミニマムの考え方は、生活保護法による最低生活基準として示される代表的な例である。

　つまり、社会福祉は、国民の基本的人権、生存権を保障するものとしての国および地方公共団体が行う社会サービスを具現化した機能と役割を担っている。

社会福祉の観点

　国家責任としての「生存権」保障と社会福祉の増進を考えるならば、社会福祉関係法制度に基づく社会福祉サービスによって人間らしい生活を営むことや生活改善への取り組みが保障されなければならない。

　それは、国民に人間らしく生きる・生きていくこと・生きていくための権利（生存権）を充足していくことを基本理念に成り立つものである。社会福祉の利用者を慈善や劣等の対象としてみるのではなく、人間として生まれたからには、すべての国民が人間らしい生活と人生を送るための普遍的な権利として、人権を中核に位置づけることが社会福祉の視点であり、実践していく上での基本的解釈の拠り所と認識しなければならない。

社会福祉の固有の視点

　社会関係の主体的側面（生活者としての視点）に焦点を置き、社会関係が成立しない状況を生活上の問題ととらえ、社会関係の全体的調和に向けた援助を行うことが社会福祉の固有の視点となり、これが実践の方向性を指し示す基本的な考え方となる。

　言い換えるなら、社会関係の主体的側面とは、生活していく当事者の立場を意味し、生活上の問題を理解するということは、生活の主体となる生活者そのものへの理解でもある。このような社会福祉固有の視点は、生活における各関連制度等を生活の側面から理解することにもつながる。

　したがって、生活の主体である生活者自身と同じ立場に立つということと、生活問題に対する福祉的理解という点からも、社会福祉実践はそれらを手がかりに生活者の問題解決への援助や支援を図っていくこととなる。

生活者の福祉ニーズの発見と充足を図るための社会福祉

　三浦文夫は福祉ニーズを「人間が社会生活を営むために欠かすことのできない基本的要件を欠く状態」[2]ととらえ、社会福祉は、この福祉ニーズを発見、解決あるいは緩和、軽減して生活者の自立を支援する機能と役割を担っている。

　低所得者、高齢者、障害者、児童など、対象者別に必要とする福祉ニーズは異なる。それゆえ、生活者個々の福祉ニーズを発見し、その充足あるいは再調整を図ることが必要不可欠である。人々の生活を保障し、生活の質の向上等を個別的状況に則して対応することになる。

（4）　社会福祉の構造

　社会福祉制度は、常に、誰が（主体）、誰に（対象）、何のために（目的）、いつ、どこで（時と場所）、どのように行うのか（方法と実践）として考えると理解しやすい。

実践主体

　社会福祉実践の主体は、一般に政策主体、経営主体、実践主体の3つに分類される。

　政策主体とは、国や地方公共団体を指し、社会福祉施策の予算と事業内容などの決定、実行をする。

　経営主体とは、国、地方公共団体、社会福祉法人、その他公益法人、企業などの民間団体、個人等社会福祉事業を経営するものを指す。今日では、福祉問題の多様化と福祉サービス供給主体の規制緩和により、保育所、特別養護老人ホーム、在宅福祉サービスなどは、国、地方公共団体から委託を受けた民間団体が公設民営の形態で経営している場合も多い。このような民間経営主体は、社会福祉の経営主体の主要な位置を占めている。

　実践主体とは、社会福祉を実践する団体や人々を指す。具体的には、各種の社会福祉従事者、専門職およびボランティア、さらには福祉ニーズをもつ当事者とその家族や団体などである。また、最近では生活者主体の視点から地域住民、一般市民なども含めて、福祉活動を実践する主体として参加していくことが期待されている。その意味において政策主体に対して制度の改編、改革を求めて、行動化を図る運動主体としての役割もある。

社会関係と主体的側面

　私たちは、生活上のさまざまな社会関係のなかで暮らしている。岡村は「社会関係」をすべての個人が「社会生活の基本的要求を充足するために、社会

制度との間に取りむすぶ関係」[3] と説明しており、現実的な生活行為となるには、個人が社会制度に関連し合い、それらと社会関係をもつことで初めて具体的生活の主体者となり得るとしている（学校へ行く、会社に勤める、地域の役員になるなど）。したがって、この社会関係から切り離された場合は生活者ということはできないし、また、社会関係から切り離された社会制度を生活そのものに含むことはできない。

　この「社会関係」という概念には、社会制度の側から規定される「客体的側面」と、生活主体者である個人の側の条件によって規定される「主体的側面」という二つの構造がある。社会生活とは個人と社会関係との関連によりできあがるものであるから、生活の主体者自身の要求に基づき、その制度やシステムを自らが調整し関連づけ合い調和のとれた社会関係を構成・維持していこうとする行為を「主体的側面」と考える[4]。

対象と対象領域

　社会福祉の対象は、生活困窮者、親のいない子ども、身体障害者、知的障害者、高齢者、単身家庭、疾病者など社会福祉サービスの必要な人々に対して限定的に考えられてきた歴史がある。しかし、現代においては、すべての人々の人間らしい生活、よりよい生活が社会福祉の対象と考えられるようになってきた。

　岡村重夫は、社会福祉の対象を「社会福祉的援助の取りあげるべき問題」として、社会福祉サービスを受けている個人や集団を社会福祉サービスの生活者、ないし対象者あるいは社会福祉サービスの利用者という用語を使うほうが望ましいとして区別した。さらに、社会福祉の対象は、すべての個人のもつ社会関係を主体的側面に立つときにみえる生活上の困難であるとして、それを、❶社会関係の不調和、❷社会関係の欠損、❸社会制度の欠陥という区分をしている[5]。

　社会福祉の「対象」について、岡村は「『社会福祉の対象』とは、社会福祉の援助を受ける対象者のことではない。…略…『対象』は、社会福祉的援助の取りあげるべき問題であり、『対象者』は人間の集団である」[6] と述べている。つまり、社会福祉の援助を行う上での対象とは、対象者の社会生活上の困難や課題であり、対象者はその状況下にあるまさに当事者または集団そのものを指している。

　さらに、岡村は社会関係という概念から、生活主体者である当事者の立場からみた社会関係の困難を生活困難と把握するところに社会福祉固有の対象領域が開けると指摘している[7]。

方法と実践

　社会福祉の方法とは、目的達成のために主体に働きかける活動の手段の総体であり、その具体的活動が社会福祉の実践である。

　社会福祉の方法は、広義には、❶貨幣的ニーズや非貨幣的ニーズに対応する給付の方法、❷入所型、通所型、利用型施設等場所を提供する方法、❸社会保険、社会手当、公的扶助、社会的サービス等を社会政策としてとらえる社会的方法、❹個別あるいは特定の社会階層に対する個別の援助方法、❺ソーシャルワークの実践方法、❻調査、評価、調整等、社会福祉の機能を効果的に実現するための方法など、福祉ニーズの発見とその対象に対する援助や支援、また社会福祉問題の解決、緩和、軽減、予防など、専門的な援助の方法を使った活動を指している。

　狭義には、専門的な援助の方法を指し、主としてソーシャルワーカーや保育士などの社会福祉専門職によって実践される社会福祉援助技術（ソーシャルワーク）である。

　しかし、社会福祉の担い手は必ずしも専門職としてのソーシャルワーカーのみで構成されるわけではない。何らかの生活課題を抱えた当事者同士やその家族による家族会、あるいは地域住民やボランティアの人々による地域ケアネットの構築など、さまざまな人々の参加によって個別のニーズに対応した生活課題への解決が可能となる。

　これらさまざまな社会福祉の方法を活用し、生活者主体の社会福祉の実践が求められている。

(5)　ノーマライゼーションとソーシャルインクルージョン

　ノーマライゼーションとは、1950年代以降、北欧の知的障害、精神障害のある人々の生活が施設中心にあるのではなく、地域社会のなかでノーマルな日常生活が実現できるようにしようとしたものである。提唱者には、デンマークのバンク・ミケルセン（N.E. Bank-Mikkelsen）やスウェーデンのベンクト・ニィリエ（B.Nirje）などをあげることができる。

　現代社会において、ノーマライゼーションは、障害福祉の分野だけでなく、社会福祉のあらゆる分野における基本原理として欠かすことのできない基盤的な考え方の一つになっている。

　さらに、一人ひとりのノーマルな日常生活を支援するという考え方は一人ひとりの生活の質（QOL）の向上をめざすことであるが、その支援は、何らかの支援を必要とする人々だけのものではない。すべての人が社会の一員

として社会的に排除されることなく、健康で文化的な生活が実現できる社会づくりを目標とするソーシャルインクルージョン（社会的包摂）[8]が求められている。

2 現代社会と子ども家庭福祉

(1) 子育ち・子育てと子ども家庭福祉

エレン・ケイは20世紀を「児童の世紀」と謳ったが、実際には20世紀にその実現をみることはできず、世界大戦や各地での紛争により「児童受難の世紀」であったともいわれる。世界各国はそれぞれの困難な事情と課題を抱えたまま21世紀を迎えたのである。わが国も例外ではない。

今日のわが国は「少子・高齢社会」といわれ、この傾向は20世紀後半から世界的にも例のないほどのスピードで進行している。高学歴化、それに伴う晩婚化、女性の社会進出などが少子化現象の背景にあるといわれ、さらには「子を生む・生まない」ことの選択が容易になり、「生まない」選択をする女性が増加していることなどがあげられている。

その一方で、子育ち・子育てがうまくいかないという問題が生じている。非行の低年齢化、青少年による犯罪等が社会的な問題になり、家庭における児童虐待の多発から親による子育て上の問題が指摘されている。加えて、子どもの貧困化の問題が近年の大きな課題となってきている。また、学校問題に関していえば、いじめや暴力問題、不登校、さらにはいわゆる「引きこもり」の問題も深刻化している。近年、ことに問題として指摘されているのが父親や母親による「子殺し」である。

従来、わが国には「親がいれば子どもは育つ」「子どもは家庭で育てるもの」といった漠然とした認識があったが、これらの子どもにかかわる問題の多発に直面してみると、改めて「子どもは社会の宝」であることを考えさせられる。児童憲章や児童福祉法の理念に立ち戻って、社会全体が子どもの育ちにかかわっていくことの大切さを再認識することが求められているといえよう。そして、保育士はその最前線で役割を担っていく立場にある。

(2) 子ども家庭福祉における保育士の役割と活動領域

今日の子どもと家庭を取り巻く状況は、児童福祉法が施行された当時とは

大きく異なっている。児童福祉法施行当時の1947（昭和22）年は、敗戦後の混沌とした社会情勢ではあったが、「子育て」が人間の当たり前の営みとして認識されていた時代であったともいえる。しかし、敗戦後の経済復興は社会構造を大きくかえた。女性の就労、とりわけ既婚女性の就労が増加して家庭生活に変化をもたらした。同時に核家族化も進行し、「ニューファミリー」と呼ばれる世代が誕生した。都市化・開発化はそれまでの地域社会を揺るがし、子どもたちの育ちの場を奪った。

　これまで保育士は、保育所やその他の児童福祉施設で日々子どもの保育・養護を担う者とされてきたが、このような社会の変化に伴って、今日、保育士に期待される役割は大きく変化したのである。子どもの発達を支援することはもちろんであるが、もう一つの子どもの育ちの場である家庭への支援、つまり親の育児と就労への支援（両立支援）を含めた児童家庭福祉という領域が加わったのである。

　また、かつて児童福祉法が対象としていた子どもたちは「要保護児童」と呼ばれる限られた子どものみであったが、現在では、保育所や他の児童福祉施設を利用する子どもや家庭への支援だけでなく、地域社会における子育て支援という領域も加わっている。こうした保育士の新しい役割は、少子化に伴う育児困難や家庭内での児童虐待の多発化に対応するものである。従来から行われている子育て相談事業についても、単に子育ての知識の伝達やアドバイスを越えて、「親育ち」への援助が求められている。

　このような状況のなかで保育士がよりそれらの役割を果たせるよう、その地位を高め専門性を確保するため、2001（平成13）年の児童福祉法の改正により、保育士は国家資格（名称独占）となった。

　さらに、2017（同29）年に保育所保育指針が改正され、子育て支援の必要性や職員の資質・専門性の向上といった内容が示された。また、2016（同28）年に児童福祉法が改正され、第1条「児童福祉の理念」が児童の権利に関する条約の精神にのっとり改正されたことで、保育士は児童の最善の利益を優先しなければならないことが明確化された。

　以上述べてきたように、今の保育士は児童の最善の利益を優先し、子どもの発達理解はもちろんのこと、家庭を含む社会のありようや変動についても理解を深めながら、子育ちと子育てへのよき支援者としての実践が期待されている。

⑶　家庭の変化と子ども

　家庭内での子ども虐待が社会問題化したことから2000（平成12）年11月に「児童虐待の防止等に関する法律」が施行された。さらに2004（同16）年には、児童虐待の防止等に関する施策を促進することを目的として、同法が改正された。しかし現在も、児童養護施設には家庭で虐待を受けた子どもたちが多く入居している。家庭は、そして親は子どもを育てられなくなってしまったのだろうか。

　かつての日本は、他の東アジア圏の国々と同様に3世代同居が主であったが、高度経済成長と期を同じくして次第に核家族化、小家族化が進行した。女性の就労率が高まり、「カギっ子」が流行語になったのもこの時期である。2014（同26）年の核家族世帯の比率は59.2％となり、全世帯に占める児童のいる世帯の割合は22.6％にまで減少した。また、児童のいる世帯の平均児童数は1.69人（いずれも国民生活基礎調査）で著しい少子化の実態を表している。

　では、核家族化、小家族化の進行によって家庭機能はどのように変化したのであろうか。

　かつて大家族であった時代、家庭には「経済（生産・消費）」「生殖」「保護（互助）」「教育」「娯楽」などの機能があった。家庭でみんなが働き、助け合い、子を育て、楽しむ生活である。しかし社会の変化にしたがい、労働の場は企業など家庭外に移り、外食産業の隆盛にみられるように消費の場も家庭外に拡大している。保護機能は国や自治体、医療機関に、教育は学校や教育産業に、娯楽は余暇産業などへと、従来家庭内にあった機能の多くが外部化された。家族のそれぞれが役割を果たしていた時代から大きく変化し、家庭は「ホテル化」「下宿化」したともいわれる。事実、家庭外での生活時間が大幅に増加し、子どもの場合は学校の部活動や学習塾に多くの時間を費やすようになった。子どもの塾通いやおけいこごとはすでに0歳に始まり、1歳代で通信教育、2歳代からは各種スポーツや英会話などが加わって、時代とともに低年齢化している。

　都市化、産業構造の変化に伴う地域コミュニティの脆弱化と相まって、家庭は家族のみでさまざまな生活課題に対処しなければならなくなったが、その困難さを露呈するような問題が次々に発生している。離婚、育児能力の低下、虐待を含めた育児放棄、少年非行、さらには深刻な家族病理の問題など、枚挙にいとまがない。また、長期にわたる経済不況から親世代の失業問題も加わり、家庭が社会変動の荒波に翻弄されていることも、子どもの育ちに深

い影を落としている。

　ことに、近年注目すべきことが子どもの貧困問題である。母親と子どものみの世帯での母親の就労困難、それに伴う生活困難、子どもの修学困難といった生活環境全般にわたる貧困化現象が増加傾向にある。厚生労働省の「国民生活基礎調査』によれば、2017（平成29）年度の子どもの貧困率（ＯＥＣＤの算出基準による）は13.9％と深刻な状況である。2013（同25）年に子どもの貧困対策の推進に関する法律が制定され、政府は子どもの貧困対策を総合的に推進するために「子供の貧困対策に関する大綱」を定められたが大きな成果はあがっていない。自治体やNPOによっては養育や学習支援する取り組みや、子ども食堂の運営などが行われており成果があがっているが、国に対して、子ども虐待の予防や早期介入や貧困の負の連鎖を断ち切るための有効な方策としてさらなる充実を求めたいところである。

(4)　男女共同参画と子ども家庭福祉

　1999（平成11）年、男女共同参画社会基本法が成立し、子育てと就労の両立支援を含めて、企業にもそのための努力を行うことが求められた。一方で働く母親への支援として保育所の充実があげられているが、それだけでは子どもやその家庭の福祉を図ることはできない。今求められるのは、父親の育児参加の促進であろう。育児休暇の取得だけでなく、家庭生活や地域社会への参加を可能にするための時間が確保されなければならない。女性の社会参加や働き方を改善するだけでなく、男性の働き方の改善が求められるのである。2003（同15）年に制定された次世代育成支援対策推進法において事業主にもその責務を課したのは、このような背景もあってのことである。

　2017（同29）年に育児・介護休業法が改正された。このなかで、1歳6か月に達した時点で、保育所に入れない等の場合に再度申出することにより、育児休業期間を最長2歳まで延長できるようになった。さらに、特に男性の育児参加を促進するため、就学前までの子どもを有する労働者が育児にも使える休暇が新設された。しかし、「夫婦性別役割分業」という言葉に象徴されるように、家庭機能の多くが母親に集中している。各種調査で示されるように、父親は在宅時間の短いことに加えて、家庭での生活行動で「家事」「育児」に費やす時間が極めて短い。この傾向は共働き家庭の場合もまったく同様である。男女共同参画社会は、母親の視点に立つことはもちろん、父親や子どもを含めた望ましい子ども家庭福祉の実現に連なるものであることを求めたい。

3　社会的養護の理念と基本原理

(1)　社会的養護の理念

　わが国の社会的養護は、「子どもの最善の利益のために」と「すべての子どもを社会全体で育む」という2つの理念を掲げている。それぞれが意味するところを、法的根拠をしめしながら概説する。

子どもの最善の利益のために

　「児童の権利に関する条約」（子どもの権利条約）の中核をなす重要な概念であり、第3条1項で「児童に関するすべての措置をとるにあたっては（中略）児童の最善の利益が主として考慮される」と規定している。これにより、児童福祉法も改正され第2条に理念に掲げ法的根拠を明確にした（表1－1参照）。子どもの権利の擁護性がより高い社会的養護においても重要な理念となっている。

　子どもの最善の利益は、「当事者である子ども（たち）が置かれた特定の状況にしたがって、その個人的な背景、状況およびニーズを考慮に入れながら個別に調整・定義されるべき」[*1]であり、その判断は、「子どものニーズおよび権利を充足するのに最も適した行動指針を特定することを目的に行われるべき」である。

　また、子どもの最善の利益を第一義的に考慮するとは、子どもに何らかの影響を与えるすべての決定において、関係するさまざまな他の利益（他者の利益や社会的利益など）のなかで子どもの利益を独立した要素と位置づけ、できるかぎり子どもの利益を積極的に優先させようと努めながら諸利益との比較衡量を図らなければならないということである[9]。

　最も重要なことは、「当事者である子どもの声」を聴くことであり、子どもの権利条約の第12条に規定された「子どもが自由に自己の意見を表明する権利（意見表明権）」[*2]が満たされ、その意見が正当に重視されてはじめて「子どもの最善の利益」を的確に判断することができる。

社会全体で子どもを育む

　「社会全体で子どもを育む」には、「国民の努力義務」と「国および地方公共団体の責任」の二つの側面がある。

　表1－1にあるように改正された児童福祉法第2条1項の「すべて国民は（中略）努めなければならない」の表現は、国民の子どもに対する「社会的責任」を示すものであり、同法第2条3項は国および地方公共団体（行政）

*1
「自己の最善の利益を第一次的に考慮される子どもの権利（第3条第1項）」（国連・子どもの権利委員会一般意見14号）の第32項に規定されている。

*2
「子どもが意見を表明する権利」は、同時に「子どもが意見を聴かれる権利」である。意見を表明できない子どもや意見を表明する意思のない子どもでも、すべての子どもと同様にこの権利を有する。

表1－1　児童の福祉を保障するための理念の明確化

考え方	●児童福祉法の理念規定は、昭和22年の制定当初から見直されていない。 ←児童が権利の主体であること、意見を尊重されること、最善の利益を優先されることが明らかでない。

法改正による対応
●児童は、適切な養育を受け、健やかな成長・発達や自立等を保障される権利を有すること等を明確化する。
●児童を中心に位置付け、その上で、国民、保護者と国・地方公共団体（都道府県・市町村）が支えるという形で、その福祉が保障される旨を明確化する。

改正後	改正前
第1条　全て児童は、児童の権利に関する条約の精神にのっとり、適切に養育されること、その生活を保障されること、愛され、保護されること、その心身の健やかな成長及び発達並びにその自立が図られることその他の福祉を等しく保障される権利$_①$を有する。 第2条　すべて国民は、児童が良好な環境において生まれ$_②$、かつ、社会のあらゆる分野において、児童の年齢及び発達の程度に応じて、その意見が尊重され、その最善の利益が優先して考慮され、心身ともに健やかに育成$_②$されるよう努めなければならない。 ②　児童の保護者は、児童を心身ともに健やかに育成することについて第一義的責任を負う。 ③国及び地方公共団体は、児童の保護者とともに、児童を心身ともに健やかに育成する責任を負う$_③$。	第1条　すべて国民は、児童が心身ともに健やかに生まれ、且つ、育成されるよう努めなければならない。 ②　すべて児童は、ひとしくその生活を保障され、愛護されなければならない。 第2条　国及び地方公共団体は、児童の保護者とともに、児童を心身ともに健やかに育成する責任を負う。

資料：厚生労働省（傍線部は筆者記述）

の「公的責任」を規定するものである。なお、子どもの権利条約では、前項で述べたとおり代替養育の原則を示した第20条2項に「締結国は、自国の国内法に従い（略）児童のための代替的な監護を確保する」と規定し、国が法的責任を負うものとしている。

　社会的養護を必要とする子どもや保護者を、行政や社会的養護の専門職はもちろんのこと、子どもや保護者を取り巻く地域の住民、学校等の社会全体で支援することが求められている。

(2)　社会的養護の基本原理

　社会的養護の基本原理は、理念と同様、児童福祉施設の各運営指針に共通項目とし規定され、それぞれについての考え方を概説している（表1－2）。

社会的養護において、理念を土台とするならば、基本原理は実践を支える柱である。社会的養護に携わるすべての者は、自らの実践がこれらにかなっているかを常に考えることが大切である。

表1-2　運営指針に示されている「社会的養護の原理」

①家庭的養護と個別化
・すべての子どもは、適切な家庭環境で、安心して自分をゆだねられる養育者によって、一人一人の個別的な状況が十分に考慮されながら、育成されるべきである。
・一人一人の子どもが愛され大切にされていると感じることができ、子どもの育ちが守られ、将来に希望が持てる生活の保障が必要である。
・社会的養護を必要とする子どもたちに「あたりまえの生活」を保障していくことが重要であり、社会的養護を地域から切り離していったり、子どもの生活の場を大規模な施設養護としてしまうのではなく、できるだけ家庭あるいは家庭的な環境で養育する「家庭的養護」と、個々の子どもの育みを丁寧にきめ細かく進めていく「個別化」が必要である。

②発達の保障と自立支援
・子ども期のすべては、その年齢に応じた発達課題を持ち、その後の成人期の人生に向けた準備の期間でもある。社会的養護は、未来の人生を作り出す基礎となるよう、子ども期の健全な心身の発達の保証を目指して行われる。
・特に人生の基盤となる乳幼児期は、安着関係や基本的な信頼関係の形成が重要である。子どもは、愛着関係と基本的な信頼関係を基盤にして、自立に向けた生きる力の獲得も、健やかな身体的、精神的および社会的発達も、こうした基盤があって可能となる。
・子どもの自立や自己実現を目指して、子どもの主体的な活動を大切にするとともに、様々な生活体験などを通して、自立した社会生活に必要な基礎的な力を形成していくことが必要である。

③回復をめざした支援
・社会的養護を必要とする子どもには、その子どもに応じた成長や発達を支える支援だけでなく、虐待体験や分離体験などによる悪影響からの癒しや回復をめざした専門的ケアや心理的ケアなどの治療的な支援も必要となる。
・また、近年増加している被虐待児童や不適切な養育環境で過ごしてきた子どもたちは、虐待体験だけでなく、家族や親族、友達、近所の住人、保育士や教師など地域で慣れ親しんだ人々との分離なども経験しており、心の傷や深刻な生きづらさを抱えている。さらに、情緒や行動、自己認知・対人認知などでも深刻なダメージを受けていることも少なくない。
・こうした子どもたちが、安心感を持てる場所で、大切にされる経験を積み重ね、信頼関係や自己肯定感（自尊心）を取り戻していけるようにしていくことが必要である。

④家族との連携・協働
・保護者の不在、養育困難、さらには不適切な養育や虐待など、「安心して自分をゆだねられる保護者」がいない子どもたちがいる。また、子どもを適切に養育することができず、悩みを抱えている親がいる。さらに配偶者等による暴力（DV）などによって「適切な養育環境」を保てず、困難な状況に置かれている親子がいる。
・社会的養護は、こうした子どもや親の問題状況の解決や緩和をめざして、それに的確に対応するため、親と共に、親を支えながら、あるいは親に代わって、子どもの発達や養育を保障していく包括的な取り組みである。

⑤継続的支援と連携アプローチ
・社会的養護は、その始まりからアフターケアまでの継続した支援と、できる限り特定の養育者による一貫性のある養育が望まれる。

・児童相談所等の行政機関、各種の施設、里親等の様々な社会的養護の担い手が、それぞれの専門性を発揮しながら、巧みに連携し合って、一人一人の子どもの社会的自立や親子の支援をめざしていく社会的養護の連携アプローチが求められる。

・社会的養護の担い手は、同時に複数で連携して支援に取り組んだり、支援を引き継いだり、あるいは、元の支援主体が後々までかかわりを持つなど、それぞれの機能を有効に補い合い、重層的な連携を強化することによって、支援の一貫性・継続性・連続性というトータルなプロセスを確保していくことが求められる。

・社会的養護における養育は、「人とのかかわりをもとにした営み」である。子どもが歩んできた過去と現在、そして将来をより良くつなぐために、一人一人の子どもに用意される社会的養護の過程は、「つながりのある道すじ」として子ども自身にも理解されるようなものであることが必要である。

⑥ライフサイクルを見通した支援

・社会的養護の下で育った子どもたちが社会にでてからの生活を見通した支援を行うとともに、入所や委託を終えた後も長くかかわりを持ち続け、帰属意識を持つことができる存在になっていくことが重要である。

・社会的養護には、育てられる側であった子どもが親となり、今度は子どもを育てる側になっていくという世代を繋いで繰り返されていく子育てのサイクルへの支援が求められる。

・虐待や貧困の世代間連鎖を断ち切っていけるような支援が求められている。

資料：児童養護運営指針（平成24年3月29日厚生労働省雇用均等・児童家庭局長通知）

【初出一覧】

■第1節　井出沙里「社会福祉の考え方と役割」橋本好市・宮田徹編『保育と社会福祉　第3版』みらい　2019年　pp.28-29/pp.31-36

■第2節　伊達悦子「現代の児童家庭福祉と保育士」波田埜英治・辰己隆編『新版　保育士をめざす人の子ども家庭福祉』みらい　2019年　pp.11-13/pp.16-18

■第3節　山田利子「保育と社会的養護」大竹智・山田利子編『保育と社会的養護Ⅰ』みらい　2020年　（編集中）

【引用文献】

1）厚生労働統計協会編『国民の福祉の動向　2011／2012』厚生労働統計協会　2011年　p.31

2）三浦文夫「ソーシャルニーズ」仲村優一編『現代社会福祉事典』全国社会福祉協議会　1984年　p.329

3）岡村重夫『社会福祉原論』全国社会福祉協議会　1983年　p.84

4）同上書3）　pp.83-92

5）同上書3）　pp.104-113

6）同上書3）　p.106

7）岡本民夫・小田兼三編著『社会福祉援助技術総論』ミネルヴァ書房　1990年　p.31

8）「社会的な援護を要する人々に対する社会福祉のあり方に関する検討会」報告書　2000（平成12）年　厚生省（現：厚生労働省）

9）平野裕二「国連勧告に見る「子どもの最善の利益の現状」」横堀昌子編集委員長『世界の児童と母性』（VOL.75）資生堂社会福祉事業財団　2013年　pp.11-14

第2章

社会福祉・子ども家庭福祉の歴史的変遷

---

1 社会福祉・子ども家庭福祉の歴史的変遷1 —イギリスにおける社会福祉の歴史

(1) 中世期の貧民救済と救貧法

10世紀頃の中世ヨーロッパの封建社会は、荘園における封建領主と農奴の関係が基盤にあり、病人、障害児（者）、老衰者、孤児等の福祉は、村落共同体（小さな村を中心とした社会）を基礎とした血縁・地縁による相互扶助が基本であった。11世紀のギルド[*1]を中心とする中世都市の生活においても、中世キリスト教の教区が貧民や困窮者を援助する共同体であり、相互扶助を基本として、貧民救済が行われていた。

しかし、中世封建社会が資本主義社会に移行する過程で、封建家臣団[*2]の解体、囲い込み運動[*3]、疫病の流行、凶作、修道院の解散などによって、大量の貧民、浮浪者、犯罪者などが増加した。そのため、国家的な対応として1601年に「エリザベス救貧法」[*4]が制定された。

市民革命によって絶対王政が崩壊し、資本主義体制が成立すると、労働可能な貧民をワークハウス（労役場）[*5]に収容して、労働に従事させる思想が適用されるようになった。これは、安い労働力を管理・確保するためのものであり、貧民救済を抑制すると同時に貧民を労働力として育成していた。

(2) 産業革命と新救貧法の制定

18世紀後半からの産業革命は、労働形態の変化によって失業者を生み出し、さらに工場労働者は長時間労働や劣悪な労働環境のなかで労働を課せられた。特に女性と子どもは安い賃金の労働者として使われ、児童労働も社会問題となっていった。このような労働者を守るために、1802年に世界で最初の「工場法」[*6]が制定された。

失業者の増加に対応するための貧民救済は、これまでの労役場で行われて

＊1 ギルド
中世ヨーロッパの都市で発達した独占的・排他的な同業者組合をいい、商業ギルドが11世紀、手工業ギルドは12世紀に成立した。

＊2 封建家臣団
封建社会における支配層（主君）に仕える家臣層・家臣の集団。フランスとの百年戦争やバラ戦争以降の戦乱によって、家系を絶やした貴族の家臣や使用人が解雇された。

＊3 囲い込み運動
14～15世紀に行われた農業革命の主要産業であった毛織物を発展させるために、農民から土地を奪い羊の放牧場を拡張し、毛織物産業を重視した政策が行われた。土地を追われ生産手段を失った農民は、浮浪者となり都市部に大量に流出した。

＊4 エリザベス救貧法
労働能力の有無を基準に、貧民を労働不能者、労働可能者、子どもの3種に分類した。労働不能者に対しては生活扶助、労働可能者に対しては就労を強制した。子どもに関しては、祖父母、直系家系に対し扶養義務を定め、不可能な者に対しては、男子は24歳まで、女子は21歳もしくは結婚するまで、徒弟奉公に出された。

いた「院内救済」*7 に加え、「院外救済」*7 を認めた「ギルバート法」（1782年）、「スピーナムランド制度」*8（1795年）が定められた。しかし、これらの政策によって救済費は拡大し、社会的批判を招くこととなった。

これに対応するために、1834年「新救貧法」が制定され、貧民救済は引き締められた。これは、救済を最少限に抑え、労働者に自活を求めることを意図したもので、院内救済を原則とした。そのため、労役場では老衰者、障害者、病人、貧窮児童などは劣悪な生活環境のなかで一緒に収容されていた。

(3)　慈善組織協会の創立とセツルメント運動のはじまり

救貧法の適用を受けない貧民者、孤児、浮浪児に対しては、篤志家によって慈善事業が行われていた。1869年に設立された「慈善組織協会」（COS：Charity Organization Society）は、地区ごとの要救済者の調査、民間の慈善事業の連絡調整、友愛訪問による援助などを行った。この活動は後にアメリカに渡り、ソーシャルワークへと発展していく。

さらに、貧困を個人の問題としてではなく、労働者階級の貧困としてとらえ、資本と賃労働という社会関係のなかで貧困が生み出される考え方があらわれた。これにより、貧困層の生活を改善して社会改良を図るセツルメント運動*9 がはじまった。その拠点として、1884年にバーネット夫妻らは「トインビー・ホール」を設立した。

20世紀初頭に入ると、さらに貧困の原因を社会に求め、その救済を社会の責任とする社会事業の概念が生まれた。ブース（C. Booth）のロンドン調査や、ラウントリー（B.S. Rowntree）のヨーク調査などによって、両市民の約3割が貧困状態にあることが明らかにされた。これらの調査から、貧困は個人の問題ではなく、低賃金と雇用の不安定が貧困の原因であることが指摘され、貧困の社会的救済と予防のための動きが出てきた。その結果、1908年「老齢年金法」、1911年「国民保険法」が成立した。

(4)　第二次世界大戦後の福祉国家体制の確立

第二次世界大戦後のイギリスは、「ゆりかごから墓場まで」のスローガンによる福祉国家をめざすことになる。1942年に発表された「ベヴァリッジ報告」では、家族手当、無料医療サービス、完全雇用を社会保障の不可欠な前提条件とし、老齢、傷病などによって収入が得られない貧困者に対して、社会保険による社会保障を確立することを計画した。そして、ベヴァリッジ報

*5　ワークハウス
英国救貧法における救済方法の一つである院内救済を行う施設。ワークハウスでは、労働可能な者を収容し強制労働を課すもので、当初は報酬を与える作業場として設立された。

*6　工場法
児童の労働時間を1日12時間以内に規制し、深夜業を禁止した。1819年の工場法では、9歳以下の児童の労働を禁止し、16歳以下の児童の労働時間は12時間以内とした。

*7　院内救済・院外救済
院内救済は救貧法対象者を収容保護する方法で、収容施設として、労役場、救貧院、懲治監などがある。院外救済は居宅のまま保護する方法をいう。

*8　スピーナムランド制度
賃金補助制度。パン価格と家族員数に応じて算定された最低生活費水準に基づき、生活費を支給した。

*9　セツルメント運動
失業、疾病等による貧困問題が多い貧困地区に宿泊所・授産所・託児所その他の施設を設け、住民の生活向上のための支援や教育を行う社会事業。19世紀にイギリスのロンドンにおいて、バーネット夫妻が設立したセツルメントハウスであるトインビー・ホールにオックスフォード大学やケンブリッジ大学の教員および学生が住み込み、地域住民との交流を通じて行われた草の根の相互扶助活動。

告に基づく社会保障の諸立法によって、社会保険と国民保健を中心とするイギリスの社会保障が整備されていった。これにより、国家が国民の生活を保障する「福祉国家」体制が確立した。

その後、1968年に対人福祉サービスを中心とした保障を目的とする「シーボーム報告」が出され、個人単位ではなくコミュニティを基盤とした家族サービスの提供を焦点に、地方自治体に社会サービス部を設置し、家族の生活支援を包括的に実施することなどが提案された。これを受けて、1970年「地方自治体社会サービス法」が制定され、これにより、地方自治体社会サービス部に対人福祉サービスを統合したコミュニティ・ケア方式[*10]へと転換した。

(5)　コミュニティ・ケア改革と新しい福祉国家

イギリスでは、1970年代の経済危機をきっかけに「福祉見直し論」が唱えられ、1979年のサッチャー政権発足により、イギリスの福祉国家政策は大きな転換を迎えた。金融・財政の引き締め、公有企業の民営化などの対策がとられ、社会福祉・社会保障の支出削減等が図られ、福祉に関する国の責任は大きく縮減された。

1980年代には、コミュニティ・ケアのあり方について論じられ、1988年には、「グリフィス報告」[*11]（コミュニティ・ケア：行動のための指針）が出された。その後1990年「国民保健サービス及びコミュニティ・ケア法」が成立し、保健医療と対人福祉サービスの民営化を促進し、地域で生活する要支援者のニーズに対応した幅広い福祉サービスを提供する体制が整えられることとなった。

1997年、ブレア首相の政権発足時には、サッチャー時代の民営化を維持しながら、新しい福祉国家として「第三の道」をめざした。1998年に「21世紀の社会サービスの近代白書」を発表し、イギリスの社会福祉制度のあり方に大きな影響を与えた。

その後、保守党と自由民主党との連立となったキャメロン（D. Cameron）政権は、財政赤字のために福祉予算を削減したことで、子どもの貧困の増大など、社会的弱者に大きな影響を与えた。

*10　コミュニティ・ケア方式
1950年代から行われたコミュニティ・ケアは、コミュニティで暮らす精神病患者や精神障害者などに対する地域ケアに重点が置かれていた。しかし、シーボーム報告により、コミュニティ・ケアの形成を地方自治体の責任とし、地方自治体による福祉政策は、関連する社会資源やサービスを用いた広範囲な対象者のためのコミュニティによるケアに焦点を置いた。

*11　グリフィス報告
イギリスにおいてコミュニティ・ケアの行動のための指針を示した報告。財政難のため、医療費などの抑制を目的としてコミュニティ・ケアが注目され、グリフィス卿が諮問され、コミュニティ・ケアの実施責任を自治体に置くことが提言された。

社会福祉・子ども家庭福祉の歴史的変遷2
―アメリカにおける社会福祉の歴史

(1) 植民地時代から独立後の貧民救済

　アメリカ独立以前の植民地時代では、貧困者の救済は最小限にとどめられ、寡婦、孤児、老衰者、病人などの労働に就くことができない者や戦争・自然災害による犠牲者、貧しい移民など一時的に救済を必要とする者に対し、イギリスのエリザベス救貧法を応用した「植民地救貧法」が行われた。

　アメリカの独立革命と1800年代の初頭にはじまる産業革命は、失業、貧困、傷病、家族崩壊、浮浪、犯罪など社会問題を拡大した。これらの問題に対処するために、1824年、「ニューヨーク州カウンティ救貧院法」が制定され、その後各地に「救貧院」が設置されていった。そこには、孤児、老衰者、障害者、病人、アルコール依存症者などのあらゆる人々が収容されたが、生活は不衛生で食事も不十分であり、教育や訓練も与えられず悲惨な状況であった。

　さらに、産業革命は過酷な児童労働と家庭環境の悪化を生み出した。工場での労働をまぬがれた子どもも、貧困や親の就労による不在などにより正常な家庭生活は奪われ、親による監護指導も不十分であったため、少年非行も多く発生した。

(2) 民間慈善団体・セツルメント運動からソーシャルワークへの発展

　これらの貧困問題に対して、公的救済による貧困救済以外に、私的救済事業として民間慈善団体や1877年に設立された慈善組織協会（COS）と、その後に発展したセツルメント運動によって、19世紀半ばから20世紀にかけてアメリカ全土に貧困救済の福祉運動が発展し、現在のソーシャルワークの原形がつくられた。そして、リッチモンド（M. Richmond）*12によりソーシャルワークは体系化され、現在のケースワークの理論が確立された。

　アメリカでのセツルメント運動は、貧困問題を個人の問題ではなく、社会の問題としてとらえた。具体的な活動として、スラム地区の劣悪な環境を改善するために、イギリスのセツルメント運動が取り入れられ、1886年ニューヨークにネイバーフッドギルドが開設された。その後、1889年シカゴのスラム街に、アダムズ（J. Addams）とスター（E. Starr）が「ハル・ハウス」*13を設立した。これらの活動は、貧困問題改善のための社会運動に発

*12　M.リッチモンド
COSの友愛訪問員のケース調査活動からケースワークを体系化した。「人間と環境との間の調査」を通じた人々への援助活動がケースワークであるとし、現在のソーシャルケースワークの理論を確立した。

*13　ハル・ハウス
シカゴで設立されたセツルメントハウス。主にヨーロッパからの移民や貧困者を対象に生活支援を行い、社会改良をめざすコミュニティセンターとしての役割も果たした。

展し、YMCA（キリスト教男子青年会）などの活動の先駆となりソーシャルワークの確立に大きな影響を与えた。

(3)　社会保障法の成立

　1929年の世界恐慌と長期間にわたる不況によって失業者と貧困者が増大した。それに対応するために、ルーズベルト（F.D. Roosevelt）は1933年にニューディール政策を発表し、失業対策を国の政策として取り組むこととなった。

　1935年には、ニューディール政策の一環として「社会保障法」が成立した。それによって連邦政府がかかわる社会保障制度の枠組みがつくられた。その内容は、2種類の社会保険制度（年金保険・失業保険）と、公的扶助、社会福祉サービスから成り立っていた。このように、不況対策、失業者や生活困窮者、母子福祉、障害者などの生活問題に取り組んだが、医療保険制度は創設されなかった。

　しかし、社会福祉サービスの体系化が不十分であり、1960年代の貧困の増加に対応できなかったため、1974年には所得保障と福祉サービスを分離させた社会保障法の改正が行われ、福祉サービスは、州の権限で地域で生活するための個別のサービスが提供されることになった。

(4)　1980年代以降のアメリカの社会福祉

　1970年代のヴェトナム戦争の敗北、長期的不況、生活の不安定化などを機にアメリカはこれまでの社会福祉を維持するのが困難となった。この時期に大統領に就任したレーガン（R. Reagan）は新保守主義志向の政策を唱え、「福祉の見直し」が進められ、減税と福祉抑制の方向に転換していった。

　1990年代後半のクリントン（B. Clinton）政権では、就労への福祉政策に転換し、教育や保育、子育て支援の充実をめざした。1980年代から1990年代のアメリカの社会福祉は、ブッシュ（G. Bush）に引き継がれる。

　しかし、医療保険のない人々の問題、ホームレス、青少年非行、児童虐待など多様な福祉問題に直面し、さらに世界的な経済危機を招いた金融危機によって、アメリカは深刻な状況に追い込まれた。このような状況のなか2009年に誕生したオバマ（B. Obama）政権では、医療制度改革が行われた。公的医療保険の加入を国民に義務づける「医療保険改革法」（オバマケア）が2010年に成立し、アメリカ国民が安心して医療を受けられる制度が整えられた。2017年にトランプ（D. Trump）政権に引き継がれたが、オバマ政権時

代の医療・福祉施策をことごとく否定し、移民問題などを含め新たな福祉施策が模索されている。

3　日本における社会福祉・子ども家庭福祉の歴史

(1)　明治期以前の貧困救済

　古代（奈良・平安時代）における貧困者の救済は、主に血縁、地縁による相互扶助が基本であった。また、仏教伝来以降、仏教思想に基づいた貧困者の救済が行われてきた。推古天皇時代に聖徳太子が設立した「敬田院」「悲田院」「施薬院」「療病院」の「四箇院」が慈善救済施設として伝えられている。718年には、公的救済制度として「戸令」*14が制定された。その対象となったのは「鰥寡孤独貧窮老疾」*15で、基本的には近親者が救済を行っていた。

　中世（鎌倉・室町、安土・桃山時代）においても、親族や荘園内の相互扶助が中心に行われていた。さらに、仏教思想による慈善活動や、キリスト教の宣教師による慈善活動も行われていた。近世（江戸時代）では、五人組制度を規範とした村落共同体で相互扶助が行われ、人身売買等の禁止、孤児・棄児などの保護が行われた。

(2)　明治維新後の貧困救済

　1868年に明治維新政権が成立すると、資本主義体制のもとで「富国強兵」「殖産興業」を掲げた新しい国家施策が打ち出された。一方で人口の流動や産業革命の進展などにより、低賃金で働く労働者の生活は困窮し、また、劣悪な労働条件の問題が発生した。

　政府は公的救済制度として、1874（明治7）年「恤救規則」を定め、1929（昭和4）年の「救護法」制定まで継続された。「恤救規則」は、血縁や近隣同士による相互扶助を基本理念としていたため、救済の対象者は、障害者、70歳以上の老衰者、疾病により労働できない者、13歳以下の子どもなど、誰の助けも期待できない困窮者に限定していた。この厳しい規定のために、「恤救規則」による救済が適応された者は少数にすぎず、さらに推し進められていく産業革命で、生活困窮者は増加していった。

*14　戸令（こりょう）
律令に編成された法令。身体障害を残疾、廃疾、篤疾の3段階に分け、有疾者、高齢者、貧困者等への保護などを定めた。

*15　鰥寡孤独貧窮老疾（かんかこどくひんきゅうろうしつ）
　「鰥」は、61歳以上の妻のない者、「寡」は50歳以上の夫のない者、「孤」は16歳以下で父のない者、「独」は61歳以上で子のない者、「貧窮」は財貨に困る者、「老」は、66歳以上の者、「疾」は疾病者を指す。

(3)　民間慈善事業活動

　恤救規則以後、政府による貧窮者対策は何ら行われず、この状況を補うために民間の慈善事業家による慈善救済事業が進められていった。福田会育児院（1879〈明治12〉年）、奥浦慈恵院（1881〈同14〉年）、石井十次*16の岡山孤児院（1887〈同20〉年）などの孤児院（児童養護施設）が多く設立された。1891（同24）年には、石井亮一*17が滝乃川学園（知的障害児施設）の前身といわれる「孤女学院」を開設した。また、保育施設として、1890（同23）年に勤労者の乳幼児を昼間だけ保育する託児所が赤沢鐘美によって新潟市に開設された。老人施設としては、エリザベス・ソートンによる聖ヒルダ養老院（1895〈同28〉年）、大阪養老院（1902〈同35〉年）などが創設されている。

　さらに、非行少年や犯罪少年の増加などに対応するために、1900（明治33）年「感化法」が成立した。これは、犯罪児童に対して懲罰ではなく、家庭あるいは地方自治体設置の感化院（現在の児童自立支援施設）で感化教育を行うことを目的とする感化救済事業であった。この先駆けとして1899（同32）年に、留岡幸助*18が東京で「巣鴨家庭学校」を設立した。

(4)　大正期から第二次世界大戦終了までの救済事業

　大正期に入ると、第一次世界大戦（1914〜1918年）の勝利によって経済は一時好景気となるが、物価の高騰、米騒動、戦後恐慌、関東大震災によって、国民の社会不安は高まっていった。さらに労働争議や、婦人解放運動、農村における小作人と地主間の小作争議の多発など社会問題は深刻化していく。このような状況に対応するために、1920（大正9）年には社会事業行政を行う内務省社会局が設置された。

　昭和に入ると、東北地方の凶作、三陸沖地震などの災害や、昭和恐慌によって、国民の生活は経済的にも大打撃を受け、失業者や貧困者の増加、児童虐待、非行、母子心中などの社会問題が多発した。このような社会情勢に対して、1929（昭和4）年に「救護法」*19が制定され、国の公的扶助義務が確立されることになった。この時期には、児童福祉に関する法律として1933（同8）年には「少年救護法」「児童虐待防止法」が制定され、1937（同12）年には「母子保護法」によって貧困母子世帯に対する扶助が行われた。

　1938（昭和13）年には、厚生省が設置され、社会事業法も制定された。しかし、日中戦争の全面化、太平洋戦争へと軍事的緊張が高まる過程で、日本

＊16　石井十次
石井十次は、1887（明治20）年に岡山近郊で代理診療を行っているとき、巡業中の貧しい母子に出会い、子どもの養育を託された。その後も子どもを預かることがあり、それを契機に孤児教育会（後の岡山孤児院）を創設した。

＊17　石井亮一
石井亮一は、1891（明治24）年の濃尾大地震で孤児となった21人の女児を引き取り、孤女学院を開設した。このなかに、知的な発達に遅れのある女児がいたことから、アメリカで知的障害者教育を学び、帰国後に孤女学院を「滝乃川学園」と改称し、わが国初の知的障害児の専門施設を開設した。

＊18　留岡幸助
留岡幸助は、「巣鴨家庭学校」設立後、1914（大正3）年には北海道の国有地の払い下げを受けて、家庭学校の分校と農場を開設する。現在も社会福祉法人が経営する数少ない児童自立支援施設として、広大な敷地と自然のなかで、子どもの更生のための教育を実践している。

＊19　救護法
救護の種類は、生活扶助、医療扶助、助産扶助、生業扶助であり、その対象を、❶65歳以上の老衰者、❷13歳以下の幼者、❸妊産婦、❹傷病あるいは身体または精神の障害により労務を行うのに支障のある者で、扶養義務者がいない者とされていた。

は戦争に必要な人的資源を確保するために、個人の救済よりも健兵健民政策へと移行していったのである。

(5)　戦後の社会福祉の展開—福祉三法体制から福祉六法体制へ

　1945（昭和20）年の第二次世界大戦終結後、日本は社会的にも経済的にも混乱状態が続いた。そのような状況のなか、GHQ（連合国軍総司令部）の指導のもとで社会福祉施策が行われていった。緊急対策として、戦災者・引揚者などの生活困窮者、戦災孤児、浮浪児などの要保護児童、障害のある人が救済の対象とされた。

　1946（昭和21）年に「（旧）生活保護法」が制定され（1950〈同25〉年に全面改正し、新たに「生活保護法」制定）、1947（同22）年に「児童福祉法」、1949（同24）年に「身体障害者福祉法」が制定された。これらは、「福祉三法」と呼ばれ、戦後社会福祉の基礎となった。この間に、「日本国憲法」が公布され、その理念である基本的人権や生存権の保障などが各福祉法に反映された。

　1950年代後半から本格的になった高度経済成長は、国民の生活水準を豊かにする一方で、工業化、都市化、過密過疎化、核家族化などの進行、貧困問題、公害問題など新たな社会問題を生んだ。これらの社会不安に対して、1961（昭和36）年「皆保険・皆年金」制度が実施された。また、1960（同35）年「精神薄弱者福祉法」（1998〈平成10〉年に「知的障害者福祉法」に改題）、1963（同38）年「老人福祉法」、1964（同39）年「母子福祉法」（2014〈平成26〉年に「母子及び父子並びに寡婦福祉法」に改題）の3つの福祉法が制定された。先に制定された「福祉三法」と合わせて「福祉六法」体制が確立され、社会福祉関連法や社会福祉施設の整備など、社会福祉施策が展開されていった。

(6)　福祉の見直しと福祉改革

　日本の経済成長によって、わが国の社会福祉は拡大されていった。1973（昭和48）年には医療保険制度や年金制度の改革を行い、同年の「老人福祉法」の改正によって老人医療費無料化制度が導入され、社会保障関係費は大幅に増加した。この1973年を「福祉元年」とし、福祉国家への転換となった。

　しかし、同年秋のオイルショックにより日本経済は大打撃を受け、「福祉見直し」が必要となる。在宅福祉を中心とした家族や地域の自助努力による

「日本型福祉社会」が強調され、社会福祉サービスや施設サービスの費用負担について、「受益者負担」に関する議論が展開された。

　1980年代は、社会福祉の長期的な見直しが検討された。1982（昭和57）年「老人保健法」の制定で、老人医療無料化から一部自己負担となった。また、健康保険法の改正による費用負担制度の導入や、年金給付率引き下げなどが実施された。

　さらに、社会福祉施設の増加や処遇の社会化等に対応するため、1987（昭和62）年の「社会福祉士及び介護福祉士法」の制定によって、福祉専門職の国家資格の法制化が図られた。1989（平成元）年に出された「今後の社会福祉の在り方について」では、社会福祉事業の範囲の見直し、市町村の役割重視、在宅福祉の充実と施設福祉との連携強化、福祉サービス等の供給主体の在り方など、社会福祉改革の方向性が示され、これをもとに法改正や福祉計画の策定などが展開されていった。

(7)　新しい社会福祉の基盤整備

　急増する高齢者福祉の需要に対応するために、1989（平成元）年「高齢者保健福祉推進十カ年戦略」（ゴールドプラン）を策定し、高齢者の在宅福祉の整備が推進された。その実現のため「老人福祉法等福祉関係八法」の改正、在宅福祉サービスと施設福祉サービスの市町村への一元化、市町村および都道府県の老人保健福祉計画策の義務化が実施された。

　1994（平成6）年には、「21世紀福祉ビジョン」が提案され、「高齢者保健福祉推進十カ年戦略の見直し」（新ゴールドプラン）が策定された。また、少子化対策に迫られ、1994（平成6）年に「エンゼルプラン」、1999（同11）年には「新エンゼルプラン」が策定され、保育サービスを中心とした子育て支援が進められた。障害者福祉においては、1995（同7）年「障害者プラン～ノーマライゼーション7か年戦略」が策定され、加えて「精神保健及び精神障害者福祉に関する法律」（精神保健福祉法）も制定された。さらに、高齢社会における介護のあり方が問われ、介護保険法が1997（同9）年に成立するなど、21世紀に向けた社会福祉の基礎が整えられた。

　また、1995（平成7）年に発生した阪神・淡路大震災を機に、市民が災害ボランティアとして積極的に参加するようになり、社会貢献活動の重要性が認識されるようになった。この年は「ボランティア元年」と呼ばれている。さらに、地方分権化に伴い、障害者や高齢者の生活を支える地域福祉活動の重要性が認識されるようになり、住民の福祉活動への支援、ボランティア活

動の推進、NPO活動などが広がっていった。

⑻　社会福祉基礎構造改革と社会福祉の新しい展開

　少子高齢化、核家族化の進行、金融危機、地域格差の問題などにより、福祉ニーズが増加すると同時に、多様な福祉のあり方も求められた。これに対応するために、1998（平成10）年に「社会福祉基礎構造改革について（中間まとめ）」が発表され、1999（同11）年には、本報告である「社会福祉基礎構造改革について」が出された。この内容は、個人の自立を基本とし、その選択を尊重した制度の確立、質の高いサービスの拡充、地域での生活を総合的に支援するための地域福祉の充実が示されている。

　2000（平成12）年には「社会福祉の増進のための社会福祉事業法等の一部を改正する等の法律」が制定された。これにより「社会福祉事業法」が「社会福祉法」となった。「社会福祉法」の成立によって、社会福祉制度が措置制度から利用制度に移行したのに伴い、障害者福祉サービスにおいて2003（同15）年「支援費制度」が導入される。しかし、財源不足、障害種別格差、地域格差などが問題になり、2005（同17）年には「障害者自立支援法」が成立し翌年から実施された。

　「障害者自立支援法」では、これまで障害種別ごとの異なる法律に基づいた障害者福祉サービスを改め、法律の一元化による共通制度の下で福祉サービスを提供することになった。しかし、一定額の自己負担による利用者の経済的負担の増加、自治体によるサービスの地域格差などの問題で改正が求められた。そこで、2012（平成24）年6月「障害者の日常生活及び社会生活を総合的に支援するための法律」（障害者総合支援法）が成立し、2013（平成25）年4月より施行された。

　2012（平成24）年施行の改正介護保険法では、在宅医療・介護の連携を強化し、高齢者が住み慣れた地域で自立した生活を営めるように地域包括ケアの実現が掲げられた。

　少子高齢社会が進展し、老年人口の急速な増加による社会保障費の増大や、家族機能の低下による育児や介護の問題が深刻化するなか、緊急の少子化対策として男女共同参画社会の推進、次世代育成支援をふまえた子育て支援などへの取り組みが行われている。

(9) 社会保障と税の一体改革と社会福祉の動向

　少子高齢化に加え、雇用環境の変化や人口減少などにより、社会保障給付費の改善や長期的に安定した財源の確保が課題となっている。そのため、子ども・子育て支援や医療・介護などのサービスの改善、雇用や貧困・格差問題への対応など各福祉分野の改革に向けた社会保障・税一体改革が進められ、2012（平成24）年8月「社会保障制度改革推進法」が制定された。

　これを受けて、段階的な消費税の引き上げや、2015（平成27）年「子ども・子育て支援新制度」実施など新たな子育て支援が進められた。また、年金制度や生活保護制度の見直し、2015（平成27）年「生活困窮者自立支援法」「子どもの貧困対策の推進に関する法律」の制定など貧困対策も実施された。医療・介護では、地域で適切な在宅医療・在宅介護が受けられるように地域包括ケアシステムの取り組みが進められ、2014（平成26）年に医療法と介護保険法改正案などを一括にした「医療介護総合確保推進法」が成立した。2017（平成29）年の介護保険法の改正では、医療・介護連携の推進、介護保険料負担の見直し、地域包括ケアシステムの強化が図られた。

　また、進展する少子高齢化や福祉ニーズの多様化・複雑化に対応するために地域住民が主体的に地域課題に取り組み、制度・分野を超えて「丸ごと」つながることで地域を創る「地域共生社会」が注目され、2016（平成28）年「ニッポン一億総活躍プラン」（閣議決定）に「地域共生社会」の実現が盛り込まれた。そして、2017（平成29）年「地域包括ケアシステムの強化のための介護保険法等の一部を改正する法律」が成立し、介護保険法、社会福祉法、障害者総合支援法、児童福祉法が見直され、各制度の適用を拡げ「全世代・全対象型地域包括支援体制」をめざすこととなる。

【初出一覧】
■大津泰子「社会福祉のあゆみ—欧米と日本の福祉の歩み」橋本好市・宮田徹編『保育と社会福祉　第3版』みらい　2015年　pp.42−46/pp.48−54

【参考文献】
Walter I. Trattner（古川孝順訳）『アメリカ社会福祉の歴史』中央印刷　1979年
新井光吉『アメリカの福祉国家政策』九州大学出版会　2002年
一番ヶ瀬康子『アメリカ社会福祉発達史』光生館　1963年
宇山勝儀・森長秀編『社会福祉概論』光生館　2010年
小田兼三・杉本敏夫編『社会福祉概論』勁草書房　2006年
小倉襄二他編『社会福祉の基礎知識』有斐閣　1979年

堺園子『世界の社会福祉と日本の介護保険』明石書店　2000年

高島進『イギリス社会福祉発達論』ミネルヴァ書房　1979年

高島進『社会福祉の歴史』ミネルヴァ書房　1995年

仲村優一・一番ケ瀬康子編『世界の社会福祉4　イギリス』旬報社　1999年

仲村優一・一番ケ瀬康子編『世界の社会福祉9　アメリカ　カナダ』旬報社　2000年

右田紀久恵他編『社会福祉の歴史―政策と運動の展開』有斐閣　2001年

山懸文治・柏女霊峰編集委員代表『社会福祉用語辞典　第9版』ミネルヴァ書房　2013
　年

山懸文治・岡田忠克編『よくわかる社会福祉』ミネルヴァ書房　2008年

吉田久一他編『社会福祉思想史入門』勁草書房　2000年

第3章

社会福祉と子ども家庭福祉の役割

1 社会福祉分野としての子ども家庭福祉

(1) 児童福祉法・児童憲章の理念

　児童福祉法は1947（昭和22）年に制定され、改正を重ねながら今日に至っている。それまでの子どもに関する法律や保護的施策に比べて、明確な理念が謳われているところに特徴がある。子どもが健やかに育成されることは国民の義務であるとして、その第1条は「すべて国民は、児童が心身ともに健やかに生まれ、且つ、育成されるよう努めなければならない」（第1項）「すべて児童は、ひとしくその生活を保障され、愛護されなければならない」（第2項）と明示している。また、1948（同23）年に制定された児童福祉施設最低基準（現・児童福祉施設の整備及び運営に関する基準）では、児童福祉施設業務に従事する職員の一般的要件として保育士などについて専門性の裏づけとしての資格や免許を要求しており、理念の実現に向けた強い意欲をうかがうことができる。

　1951（昭和26）年になると児童憲章が制定され、宣言された。5月5日の「子どもの日」はこれを記念して制定されたものである。「児童は、人として尊ばれる」「児童は、社会の一員として重んぜられる」「児童は、よい環境のなかで育てられる」ではじまる児童憲章は、半世紀を過ぎた今日でも指し示す理念はまことに新鮮で、なおかつ重要さを増してきている。

　1989年には国連において児童の権利に関する条約が採択され、わが国も1994（平成6）年に批准した。児童福祉法や児童憲章、教育基本法などによって健全な子どもの育成が謳われているにもかかわらず、権利の問題に関していえば、子どもは常に受動的立場（非主張者、非生産者としての子ども）を余儀なくされてきた。権利条約の批准は、従来保護の名のもとに拘束されてきた子どもたちの主体性、参加の権利を認める点で画期的なものといえよう。

　子ども家庭福祉は、これまでしばしば「保護」を中心に論じられてきた。

子どもに対して「弱いもの」「未熟なもの」「まもらなければならないもの」
といったとらえ方がされてきたからである。しかし、法や憲章が示す通り、
人としての育ちの保障と、人としての尊厳が保たれることがその基本である。
子どもをみていると、どれほど幼くても自らの意思をもち、好奇心をもって
周囲に働きかけ、尊厳と発達への要求を示していることがよくわかる。保護
が、子どもの発達と自立の機会を奪うものであってはならない。これは、保
育に携わる者として、また、子ども家庭福祉の推進を担う者として保育士が
心すべき大切なことであろう。

⑵　子ども家庭福祉の対象・領域とその変化

　歴史的にみると、子ども家庭福祉の概念には「子どもの発達」の意味が込
められていた。やがて「保護」「幸福な状態」といった目的を込めた意味に
用いられ、次第に後者の考え方が主流となっていった。このことは、子ども
家庭福祉の対象や領域を考えるうえで重要な意味をもつ。
　児童福祉法は先に述べたとおり、すべての子どもの福祉の実現を理念とし
ている。しかし「法」が対象としてきたのは、「措置」という言葉に表され
るように主として「要保護児童」とその家庭であった。網野武博は、児童福
祉法の公的責任の内容として「支援」「補完」「代替」の3つをあげている。
具体的には、「児童の発達上の障害や問題の軽減・除去のための支援」「発達
上の障害や問題のある児童の養育の補完」「発達上の障害や問題のある児童
の養育の代替」で、要保護性の高い場合の「代替」は公的責任のもっとも重
い領域といえる。
　時代とともに大きく変化したのは「支援」の領域であろう。種々の子育て
支援の施策化は、すべての子どもの心身の健康や発達を支援するためのもの
である。子育てに私的責任があることはもちろんであるが、こうした変化は、
子どもや子育て家庭を支援する公的責任の領域が次第に広がってきているこ
とを表している。今、子育てへの支援は、第一線の保育士を中心にしながら、
社会全体の育児の協働化を推進する方向に変化しつつある。

⑶　子どもに関する地域福祉活動

　これまでの子どもの問題が「要保護児童」対策中心であったのに対して、
今日の子どもの問題は単に個々の家庭の問題ではなく、すべての子どもとす
べての家庭に共通したものとして理解することが求められている。地域社会

に人間性回復の場をつくろうとする視点から、新しい活動も生まれてきている。

　地域援助技術（コミュニティワーク）と呼ばれる、地域に根ざした福祉サービスの拡充と住民参加の福祉の実現をめざす活動も、「まちづくり」と連動して活発化してきている。「まちづくり」には、そこに発生している、あるいは発生を予測し得る課題について、住民自身が参加して課題解決を図っていく地域福祉活動が欠かせないからである。

　地域福祉の社会資源には福祉事務所、児童相談所、保育所を含む各種福祉施設などがあるが、それに加えて学校や幼稚園などの教育機関、保健所や病院などの保健医療機関、さらにはそこで働く職員やボランティアを含めた地域住民などのマンパワーも含まれる。これらの機関や人々の力を結集して地域福祉活動を発展させていくためには、ネットワークづくりが大切になる。さらに、こうした活動を推進していくときに求められるのは、子ども、障害者、高齢者などと住民を区分するのではなく、その地域全体の人々の暮らしという視点である。地域福祉活動の広がりは、地域社会に暮らすあらゆる人々の共生・共存（ノーマライゼーション・インテグレーション・ユニバーサルデザイン）の思想の広がりともいえるだろう。

　さて、子どものための地域福祉活動は、大きく次のように分類することができよう。

① 家庭での養育を支援する活動

　保育所や幼稚園の機能の拡充と開放、学童保育（放課後児童クラブ）、保育ママ、育児相談、各種保育ボランティアや子育てサークル、児童福祉施設の児童家庭支援センター、ファミリー・サポート・センターや短期入所制度など、地域全体で子育て支援にかかわろうとするもの。

② 子どもの発達を支援する活動

　施設づくり（遊び場・文庫活動など）、人間関係づくりや地域体験活動（子ども参加型の地域社会活動やボランティア活動など）。健康で文化的な住みよい地域環境は、子どもだけでなくすべての住民に必要なものであり、それらを開発整備していくためには地域の連帯的な人間関係が欠かせない。

③ 障害のある児童の発達を支援する活動

　従来の施設型福祉には、子どもたちの生活圏を狭めてしまうという問題があった。そこで、子どもたちが地域で交流するための場をつくり活動する動きが高まってきた。ホームヘルプサービス、おもちゃ図書館、療育のためのおもちゃづくり、学童保育、交流キャンプなどの活動が各地で展開されている。保育所と障害児施設との交流保育には歴史があるが、1998（平成10）年

に改訂された幼稚園教育要領においても「障害児との交流」を保育に導入するよう明記された。

　以上のほかにも、NPO（特定非営利活動団体）を中心にさまざまな活動が次々に誕生している。「すべての子どもたちのために」という子ども家庭福祉の理念は、地域活動への住民参加と新しい社会資源の開発を通して具体化していくことであろう。

⑷　保育士と地域福祉活動

　従来の個別的援助（ケースワーク）に対して、同じような悩みをもつ人たちが相互に援助し合う形で課題を解決する方法が活発になってきている。子育てに限らず、医療、介護などの分野でセルフヘルプ・グループが盛んに組織化されて活動の成果をあげている。

　ファシリテーションとは相互に援助し合う過程という意味で、それを効果的に促進していくのがファシリテーターである。ファシリテーターの役割は、まず、グループのメンバーそれぞれがもっている情報や意見、感情などを表出できるようサポートすることである。また、課題解決のためにどのような方法を選択することが適切か、考える場を保障することなどがあげられる。このプロセスを積極的に推進するためには、具体的サービスを提供するこれまでのケースワーク技法に対して、その人のもつ潜在的、内在的能力を具体化していく技法が求められる。そしてさらにグループそのものが相互に援助し合える機能を高めていくことも、重要なファシリテーターの役割である。

　近年、虐待の問題が深刻であるが、それ以外にも子育てに苦慮している家庭は多い。乳幼児期はもちろん、思春期の子育ての問題もある。そこで、育児に困難を感じたら、あるいは親自身が行きづまったらすぐ仲間入りできるグループが身近な生活圏のなかにあり、ファシリテーターが適切に援助できるような仕組みが早急に求められる。

　これまでの子育て支援策はハード面を中心に進められてきたが、これからはソフト面、つまり人的な社会資源が地域の福祉力を高めていくであろう。その中心は、保育所、子育て支援センター、児童家庭支援センターであり、そこに働く保育士である。つまり、保育士がファシリテーターとして能力を発揮することが期待されている。情報化社会は子育て中の親たちを不安に陥れ、その結果生じた悲劇も多い。直接保育士にその不安なり悩みが届かなければ、個別的援助を行うことはできない。保育士は親たちとのよりよい人間関係、コミュニケーションをもっとも期待できる場にいる人である。親たち

の課題解決への援助だけでなく、問題を未然に防ぐことも期待できよう。保育士は保育所保育にとどまらず、地域の親たちが子育てを通して成長していくためのキーパーソンの役割を担っているといえるだろう。

2 子ども家庭福祉分野としての子育て家庭支援・社会的養護

(1) 子育て家庭支援と社会的養護の接点

　2003（平成15）年、社会保障審議会児童部会は『社会的養護のあり方に関する専門委員会報告書』のなかで、「家族や地域が有していた養育力が低下している現状にあっては、家族の再統合や家族や地域の養育機能の再生・強化といった親も含めた家族や地域に対する支援も、社会的養護本来の役割として取り組むことが必要である」とし、社会的養護の役割を、地域における家庭機能支援にまで拡大する見解を示した。

　現代社会において、社会的養護の対象となる家庭に限らず、子育てには何らかの社会的サポートが必要であり、逆に、社会的サポートをまったく利用せずに子育てをすることはむしろ難しい現状がある。また、一般家庭への子育て支援の制度的拡充とサービスの質を担保するためには、社会的養護が培ってきた児童養護の専門性や、児童福祉施設が提供するさまざまな地域子育て支援サービスは不可欠なものとなっている。

　一方、「児童の権利に関する条約」第20条３項は、子どもが家庭で育つ権利を規定し、子どもの代替的養護は養子縁組や里親家庭等を優先し、やむを得ない理由がある場合に限り施設入所としている。国連が2009年に採択した「児童の代替的養護に関する指針」（ガイドライン）においても、家庭養護（里親、養子縁組等）における継続的養育を原則としている。しかし、当時のわが国は、里親委託率が12.0％で他の先進国に比べ格段に少なく、施設養護も８割が大舎制という実態にあり、2010（同22）年には国連・児童の権利委員会により「親の養護のない児童を対象とする家庭基盤型の代替的養護についての政策の不足」を勧告された。

　わが国の社会的養護は、増加し続ける児童虐待問題への対応と国際的な代替的養護のガイドラインに準じた制度改正が急務となった。

(2)　「新しい社会的養育ビジョン」と社会的養護―定義と全体像―

　2011（平成23）年7月に「児童養護施設等の社会的養護の課題に関する検討委員会・社会保障審議会児童部会社会的養護専門委員会」が取りまとめた報告書『社会的養護の課題と将来像』において、社会的養護を「保護者のない児童や、保護者に監護させることが適当でない児童を、公的責任で社会的に養育し、保護するとともに、養育に大きな困難を抱える家庭への支援を行うことである」と定義した。

　この報告書では、社会的養護と子育て支援施策を連動させ、①家庭的養護の推進、②専門的ケアの充実、③自立支援の充実、④家族支援・地域支援の充実の4点を基本的な方向性として示し、新たな社会的養護体制へ舵を切る重要な役割を果たした。

　しかし、法的な根拠が明確でなく、子どもの権利やニーズにあった制度改革を具体的に推進するためには多くの課題と限界が残された。

　そこで、『社会的養護の課題と将来像』を見直し、2016（平成28）年の児童福祉法改正で示された新たな理念および抜本的に改革された社会的養護を実現するために、「新たな社会的養育の在り方に関する検討会」によって『新しい社会的養育ビジョン』（2017〈平成29〉年8月）がとりまとめられた。この報告書は、新たな体制へ最大限のスピードをもって移行するための具体的な目標期限、数値目標等の工程が示された点で今までにない画期的な報告書となっている。

　『新しい社会的養育ビジョン』は、社会的養護問題を解決（予防）するための前提として、「社会的養育」という考え方を示している。これは、児童福祉法第2条3項を法的根拠とし、子育ての負担を保護者（家庭）に背負わせるのではなく、社会の責任でより良い養育を提供する、すなわち「子育ての社会化」により、社会全体の子育てリスクを下げるというポピュレーションアプローチを基盤にしている。よって、保育施策や子育て支援施策等も社会的養育に位置づけられ、家庭で暮らす子どもから代替養育を受けている子ども、その胎児期から自立までを対象としている。

　そのうえで、社会的養護を社会的養育の一部と位置づけ、「保護者や子どもの意向を尊重しつつも、子どもの成長発達の保障のために、確実に保護者の養育支援ないし子どもへの直接的な支援を届けることが必要であると行政機関が判断する場合がある。この場合、サービスの開始と終了に行政機関が関与し、子どもに確実に支援を届けるサービス形態*1を社会的養護と定義する。また、保護者と子どもの分離が必要な事情があり、分離した後の代替

*1
具体的には、在宅指導措置、里親・施設への措置、一時保護、自立援助ホームや障害児施設・ショートステイ、母子生活支援施設の利用、養子縁組・特別養子縁組へ移行するまでのプロセス等を含む。

図3－1 『新しい社会的養育ビジョン』における新たな社会的養護の全体像

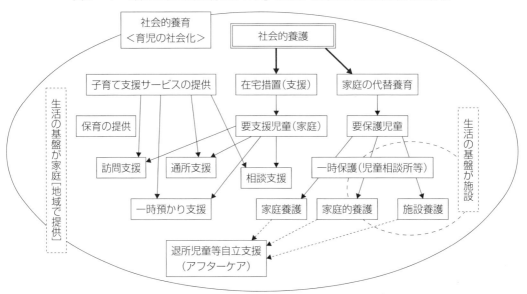

養育を公的に保障しサービスを提供する場合は、措置・契約の形態如何に関わらず、社会的養護に含める」とした。

これにより、社会的養護は、行政機関による個別支援ニーズのアセスメントを根拠とし、問題の発見から解決（自立）に至るまで、適切なサービスが確実に子どもと保護者に届くためのシステムであることが明確にされた。

また、用語の使用に混乱があったため、冒頭の定義のうち、保護者と分離して提供される養育を「代替養育」、分離せずに支援する場合を「在宅措置」とし、この両方をあわせて「社会的養護」とした（図3－1）。

⑶　児童福祉法に規定された「代替養育」─家庭で育つ権利の保障─

わが国の社会的養護における家庭の代替機能の主流は施設養護であった。しかし、改正された児童福祉法第3条2項（表3－1）の新設により、①保護者支援、②家庭養育優先原則、③養育の継続性の担保が明記され、代替養育は子どもの「家庭で育つ権利」を保障する体系へ変革された。

本条文が意味するところを、『新しい社会的養育ビジョン』が示す方針（提言）を引用して概説する。

「保護者支援」は、社会的養護を必要とする子どもの養育環境を決定する際は、まず、児童が家庭において健やかに養育されるよう、在宅指導措置等により保護者を支援する（表3－1①、図3－2①参照）。

表3－1　児童福祉法　第3条2項（新設条文）

> 　国及び地方公共団体は、児童が家庭において、心身ともに健やかに養育されるよう、児童の保護者を支援①しなければならない。ただし、児童及びその保護者の心身の状況、これらの者の置かれている環境その他の状況を勘案し、児童を家庭において養育することが困難であり又は適当でない場合にあつては児童が家庭における養育環境と同様の養育環境②において、継続的に養育③されるよう、児童を家庭及び当該養育環境において養育することが適当でない場合にあつては児童ができる限り良好な家庭的環境において養育④されるよう、必要な措置を講じなければならない。

　「家庭養育優先の原則」と「養育の継続性」については、保護者への適切な支援をもってしても、保護者が子どもに適切な養育を提供できないと判断される場合は、「家庭における養育環境と同様の環境」において継続的に養育されるよう必要な措置をとる（表3－1②③、図3－2②）。

　これは、子どもの出自家庭とは「別の家庭における養育」を提供するもので、家庭養育優先原則にのっとり、施設養育に優先して検討されなければならない。特に、就学前の子どもについては、この措置を原則とする。

　具体的には、「家庭養育」（family-based care）を提供する里親・ファミリーホームと永続的な家庭を提供する養子縁組・特別養子縁組を指す。その際、将来的に実親による養育が望めない場合は、子どもの法的身分の安定とパーマネンシーの保障（養育の継続性の担保）のため、特別養子縁組もしくは養子縁組を優先の選択肢とする。

　虐待やネグレクトなど不適切な養育に起因する行動上の問題や心理的な問題が深刻な状態であり、養子縁組家庭や里親家庭といった個人的な家庭環境では、そうした行動上の問題や精神症状等に対処することができず、そのために子どもが家庭生活を営むことが不可能もしくは極めて困難な場合や、子どもの年齢が高く、子ども自身が家庭生活に拒否感をもっている場合に家庭以外の養育環境を提供することを定めたものである。

　「できる限り良好な家庭的環境」とは、施設養育のうち、本体施設とは別に地域に分散された、小規模施設における小集団を生活単位とした養育環境を意味しており、これを「家庭的養育（family-like care）」という。具体的には地域小規模児童養護施設や分園型グループケアを指す（図3－2③）。この場合でも、最長3年程度を目途として子どもの問題を改善し、家庭養育へ移行できるようにする。

　なお、大舎・中舎・小舎形態、ユニットケアや施設内グループケアは含まれない（図3－2④）。ただし、心理職や医師、看護師などの多様な専門職の即時的な対応を必要とするような、子どものケアニーズが非常に高い場合

図3－2　社会的養護における養育環境の決定に関する考え方

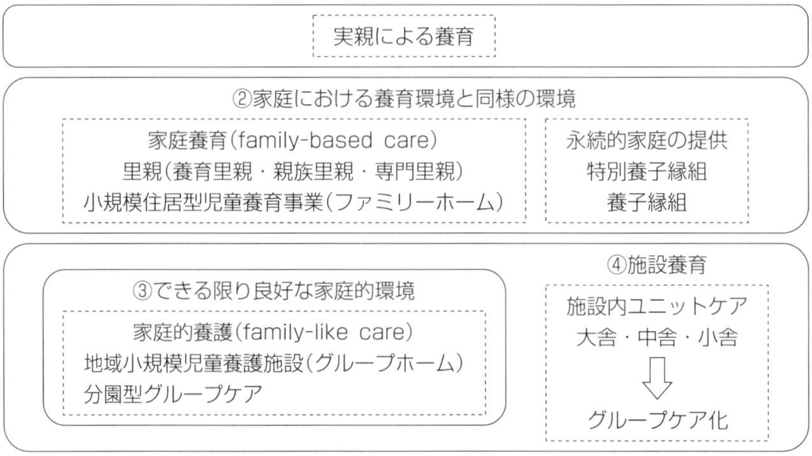

```
┌─────────────────────────────────────────────────┐
│              実親による養育                        │
└─────────────────────────────────────────────────┘
┌─────────────────────────────────────────────────┐
│          ②家庭における養育環境と同様の環境            │
│ ┌─────────────────────────┐ ┌─────────────────┐ │
│ │  家庭養育(family-based care) │ │  永続的家庭の提供  │ │
│ │ 里親(養育里親・親族里親・専門里親)│ │   特別養子縁組    │ │
│ │ 小規模住居型児童養育事業          │ │    養子縁組       │ │
│ │ (ファミリーホーム)              │ │                 │ │
│ └─────────────────────────┘ └─────────────────┘ │
└─────────────────────────────────────────────────┘
┌─────────────────────────────────────────────────┐
│                         ④施設養育                  │
│ ┌─────────────────────────┐ ┌─────────────────┐ │
│ │   ③できる限り良好な家庭的環境    │ │ 施設内ユニットケア │ │
│ │  家庭的養護(family-like care) │ │  大舎・中舎・小舎  │ │
│ │ 地域小規模児童養護施設           │ │       ↓          │ │
│ │ (グループホーム)               │ │  グループケア化   │ │
│ │ 分園型グループケア              │ │                 │ │
│ └─────────────────────────┘ └─────────────────┘ │
└─────────────────────────────────────────────────┘
```

資料：厚生労働省「家庭と同様の環境における養育の推進」及び社会保障審議会
　　　児童部会新たな子ども家庭福祉のあり方に関する専門委員会「報告（提言）」
　　　（平成28年3月）をもとに作成

や緊急一時保護施設など特別な場合には、同一敷地内のグループケアを前提に提供されることもあり得るとし、この場合の入所期間はさらに短期間に限定すべきとしている。

3　子どもの権利と権利擁護

(1)　基本的人権と子どもの権利

　「基本的人権」とは、「人が人として存在するために、生まれながらにもっている権利」であり、何人たりともそれを侵害することはできない。また、権利[*2]にはそれに付随する義務や責任、制約が発生する場合があるのに対し、基本的人権は、義務や責任が果たせない状況にあっても主張することができるという性質をもっている。基本的人権が唯一制約を受けるとすれば、それは、他者の人権を侵害する場合である。

　「子どもの権利」とは、権利に付随する義務や責任を負ったり、努力して獲得するものではなく、「人権」つまり、子どもの「基本的人権」を指す。

＊2　権利
ある利益を主張し、これを享受することのできる資格。社会的・道徳的正当性に裏づけられ、法律によって一定の主体、特に人に賦与される資格（松村明編『大辞林（第三版）』三省堂　2006年）。

(2)　児童権利宣言

　二つの世界大戦は、子どもを含めた多くの人命を奪い、人々に深い悲しみを与えた。そうした戦争の過ちを反省し、国際平和を維持する目的から、1945年に国際連合憲章の下、国際連合（以下、国連）が設立された。国連は、1948年に世界人権宣言[*3]を採択し、人権擁護の姿勢を打ち出した。世界人権宣言では、「生活の保障」と「教育」について「児童」「子」の文言が示された。子ども固有の人権宣言としては、1924年の「児童の権利に関するジュネーブ宣言」[*4]を基礎とした「児童権利宣言」が1959年に採択された。児童権利宣言では、人類は子どもに対して最善のものを与える義務を負うとして、「差別されない権利」「あらゆる放任、虐待及び搾取からの保護」「教育を受ける権利」「社会保障の恩恵を受ける権利」などの具体的内容を含む10か条が示された。しかし、この時代の子ども観は、社会的弱者として子どもを位置づけており、救済的なものから、保護的なものへの移行に過ぎず、積極的に権利を保障する内容とまでは至らなかったが、子どもが大人や社会から守られるという「受動的権利」が謳われたことは、その後の権利獲得に大きな意義をもつことになった。

(3)　児童の権利に関する条約

児童の権利に関する条約の4つの権利

　児童の権利に関する条約は、児童権利宣言から30年後の1989年の第44回国連総会において採択された条約で、日本は、1990（平成2）年にこの条約に署名し、1994（同6）年に批准した。

　基本的人権が子どもにも保障されるべきことを国際的に定めたこの条約は、各国で批准するとその内容が国内法として効力をもつ。また、「意見表明権」（第12条）、「遊びの権利」（第31条）など、今までの宣言にはない積極的な内容（能動的権利）が盛り込まれた。

　児童の権利に関する条約は、「生きる権利」「守られる権利」「育つ権利」という、大人や社会から与えられる権利（受動的権利）に加えて、「参加する権利」の4つを定め、子どもにとっての最善の利益とは何かを社会が考えなければならないとしている。

　「参加する権利」は、子どもも大人と同じ人間であることや、権利を受容するだけでなく、主体的に権利を行使していくべきであるという能動的権利であり、意見表明権、表現・情報の自由、思想・良心・宗教の自由、結社・

*3　世界人権宣言
人類全般を対象とした人権宣言であり、世界の人権に関する規律のなかで最も基本的な意義をもつ。

*4　児童の権利に関するジュネーブ宣言
「人類は児童に対して最善のものを与えるべき義務を負う」ということが、初めて国際機関で宣言された。前文と5か条で構成されており、発達保障や児童救済の優先などを謳っている。

平和集会の自由、プライバシー・通信・名誉を保護される権利などが記されている。以下にこの条約の主な特徴をあげる。

第3条　児童の最善の利益

　児童の権利に関する条約には「児童の最善の利益」を追求することが求められている。これは、子どもにかかわるすべての活動においての基本原則である。

　ウェルビーイング（well-being：健康・健全な生活・快適な生活）をめざすことから、人権の尊重、自己実現を含めた能動的権利（子どもが権利を主張することができる）の一面が含まれ、その権利の実現のため、社会は法律や制度の整備、児童養護にかかわる施設などの適正化を図るように義務づけている。

第12条　意見表明権

　「参加する権利」のなかの一つであり、最も特徴的で能動的な権利である。児童の権利に関する条約では、子どもが年齢や成熟度に応じて、自由に意見を表明できることを保障している。これは、子どもが表明した意見がそのまま実現されることを保障したものではなく、子どもの意見や考えに耳を傾け、子どもと向き合い、ともに考えることの重要性を示しているものである。意見や思いの実現に向けて協働し、実現が困難なことについては、なぜなのかをわかるように説明することが社会に求められている。

第9条　親からの分離の禁止（親と引き離されない権利）

　第9条では、「児童がその父母の意思に反してその父母から分離されないことを確保する」としており、その権利を国が保障することを明記している。児童養護施設等への入所も、「親と離れて暮らす」ことである。ただし、条文では「権限のある当局が司法の審査に従うことを条件として適用のある法律及び手続」に従うことにより、「その分離が児童の最善の利益のために必要であると決定する場合」について可能であるとしている。

⑷　権利擁護とは

　社会的養護の対象となる要保護児童は、子ども虐待、障害に対する差別、健全な生活を送っていないなど、人権が著しく侵害された状況にある。そうした状況を改善または防ぐこと、そして子どもの意思や意見、希望を尊重し、それに基づく生活を支援することが権利擁護である＊5。アドボカシー（advocacy）ともいわれ、弁護、代弁と訳される。権利擁護は、個々の権利を守ることから社会環境へ働きかける活動まで含まれる。

＊5
要保護児童の保護や支援だけではなく、「いじめ」「体罰」などの相談や対応も子どもの権利擁護の活動のひとつである。

　子どもの権利擁護活動を行う際には、子ども自身の意見をできる限り反映する努力が必要であり、自己の意見を表明する力の弱い子どもたちについては、そのニーズに添った「子どもの最善の利益」にかなう支援を行うことが求められる。

　わが国では、児童の権利に関する条約の批准後、条約の具現化に向けた子どもの権利擁護のための取り組みが進められるようになってきている。

(5)　国における権利擁護の取り組み

児童の権利に関する条約批准後の法令の整備

　児童の権利に関する条約の批准後、子どもの人権の尊重および確保の観点から、子ども家庭福祉にかかわる法令が新たに公布・改正されている。主な法律として、1999（平成11）年に公布された「児童買春、児童ポルノに係る行為等の規制及び処罰並びに児童の保護等に関する法律」、2000（同12）年に公布された「児童虐待の防止等に関する法律」（以下、児童虐待防止法）がある。それらの法律は、子どもに対する性的搾取および虐待などから子どもを保護するものであり、児童の権利に関する条約をふまえたものである。また、1998（同10）年の「児童福祉施設最低基準」（現・児童福祉施設の設備及び運営に関する基準：以下、設備運営基準）の改正による、「児童福祉施設での懲戒権の濫用の禁止」規定は、子どもの身体的苦痛、人格的辱めを禁止するものであり、2000（同12）年の「社会福祉事業法」（現・社会福祉法）の一部改正による苦情解決システムの策定、第三者評価導入は、子どもの意見表明権や子どもの最善の利益を考慮したものである。

法務省の人権擁護機関

　わが国では、法務省に人権擁護機関の設置を義務づけており、人権擁護局、各法務局、各支局において人権擁護業務が実施されている。子どもの人権に関する業務としては、子どもの人権問題を重点的に取り扱う「子どもの人権専門委員」を人権擁護委員から選任、配置し、「子どもの人権110番」「子どもの人権SOSミニレター」などを通して、相談を行っており、人権が侵害されている疑いのある事案については調査や救済手続きを行う。

親権の喪失と制限

　わが国には親権制度が存在する。親権は、民法に規定されるもので、「成年に達しない子は、父母の親権に服する」「子が養子であるときは、養親の親権に服する」（第818条）という規定に根拠がある。しかし、「父又は母による虐待又は悪意の遺棄があるとき」「父又は母による親権の行使が著しく

*6 未成年後見人
親権者の死亡や行方不明などのため未成年者に対し親権を行う者がない場合、申し立てにより家庭裁判所が未成年後見人を選任する。未成年後見人は、未成年者（未成年被後見人）の法定代理人で、未成年者の監護養育、財産管理、契約等の法律行為などを行う。

*7
親権喪失は、親権を無期限に奪ってしまい、親子関係を再び取り戻すことができなくなるおそれがあるため、児童虐待の現場では、虐待する親の親権を制限したい場合でも、「親権喪失」の申し立てはほとんど行われていないのが実状である。

*8 子どもの権利擁護専門相談事業
子どもの権利擁護専門員と子どもの権利電話相談員とが協働して、電話相談、面接相談、関係機関との調整などを行っている。事業の目的は、「子どもの権利に関する専門的な相談」と「権利侵害に具体的に対応する」などによって、子どもの福祉の向上を図ることにある。

困難又は不適当であることにより子の利益を著しく害するとき」など、親権を適正に行使しないものは、親権喪失の宣告がなされる（第834条）。その請求権は、子ども本人、その親族、未成年後見人[6]、未成年後見監督人あるいは検察官、また、児童福祉法においては児童相談所長にも認められている（請求権が、子ども本人、未成年後見人および未成年後見監督人にも与えられたのは、2012〈平成24〉年4月からである）。しかし、近年の子ども虐待に関する実態や親権喪失の実用性の面から課題があげられており[7]、子ども虐待防止等を図り、子どもの権利利益を擁護する観点から、「喪失」ではない、期限付き（最長2年）の「停止」という、親権制限制度が2012（同24）年4月から施行されている（第834条の2）。

(6) 地方公共団体などの権利擁護の取り組み

権利擁護活動の取り組み

権利擁護活動は、児童相談所における専門性によって担保されている。しかし現在、幅広いニーズに対応するために、地方公共団体等で「子どもの権利擁護委員会」「子どもの権利委員会」と称される機関や委員（オンブズパーソン）が創設されはじめている。

東京都では、「子どもの権利擁護専門相談事業」[8]が実施されており、児童家庭福祉や教育、自殺予防、非行相談など、領域を限定せず、幅広く子どもの権利に関する相談を受け付け、都内の各児童相談所、東京都福祉保健局との連携に加え、東京都教育庁、区市町村教育委員会とも協力関係を形成し、学校関係事案にも対応している。ここでは、子どもやその保護者の代理人として対応するのではなく、あくまでも公正中立な第三者の立場から助言や調整活動を行っている。

権利擁護と第三者（オンブズパーソン）

子どもの権利擁護においては、第三者（オンブズパーソン）が介入し、子どもが意見表明をする機会を担保する必要性がある。第三者は、単に子どもたちからの異議申し立てに対応するだけではなく、たとえば児童養護施設等の担当職員や施設側と子どもの間に立って、互いにどのような理解をもっているのかをフェアにつき合わせることができる専門性が必要である。双方のギャップがあるときに、丁寧な理解と客観的かつ冷静な状況判断、双方の状況をくみ取る姿勢や立場に立つ力量が求められる。

(7)　施設における権利擁護の取り組み（利用者保護・評価）

児童福祉施設の設備及び運営に関する基準と権利擁護

　設備運営基準で定められた、施設種別ごとの設備や運営にかかわる最低基準は、「児童福祉施設に入所している者が、明るくて、衛生的な環境において、素養があり、かつ、適切な訓練を受けた職員の指導により、心身ともに健やかにして、社会に適応するように育成されることを保障する」ことを目的としたものであり、施設で生活する子どもの生存権を保障したものである。設備運営基準では、入所した者を平等に取り扱う原則（第9条）、虐待等の禁止（第9条の2）、懲戒に係る権限の濫用禁止（第9条の3）など、人権擁護と人権侵害の防止の取り組みも定められている。

苦情解決・第三者評価

　社会的養護に限らず、福祉サービスの提供を受ける利用者（児童福祉施設では、子ども・保護者等）がそのサービスやケアについて満足を得られていないのであれば、福祉サービス提供者には、それを調査・検討し、改善すべきものは改善する義務がある。社会的養護関係施設においては、子どもが意見を表明することを保障し、さまざまな苦情や不満について適切に対応する「苦情解決」、子どもの最善の利益の実現のために、施設運営の質の向上を図るための取り組みとして「自己評価」「第三者評価」が行われている。

子どもの権利ノート

　子どもたちの意思を表明する権利を補完する一つの取り組みとして、「子どもの権利ノート」がある。子どもは、実際に何を訴えたらいいのか、何を相談していいのかがわからない場合も少なくない。そのため、各地方公共団体や各施設等で「子どもの権利ノート」が作成され、配布されている。児童養護施設等の入所時にはこのノートを見ながら、「子ども一人ひとりに固有の権利が認められること」「社会はそれを養護する義務があること」などを確認する取り組みも進められている。

【初出一覧】
- ■第1節　伊達悦子「現代の子ども家庭福祉と保育士」伊達悦子・辰己隆編『改訂　保育士をめざす人の児童家庭福祉』みらい　2019年　pp.19-22
- ■第2節　山田利子「新たな社会的養護の基本的な考え方」大竹智・山田利子編『保育と社会的養護Ⅰ』みらい　2020年　（編集中）
- ■第3節　菅原温「基本的人権と子どもの権利」大竹智・山田利子編『保育と社会的養護原理（第2版）』みらい　2017年　pp.58-62/pp.64-68

【参考文献】

厚生労働省『保育所保育指針解説書』フレーベル館　2008年

児童養護施設等の社会的養護の課題に関する検討委員会・社会保障審議会児童部会社会
　的養護専門委員会『社会的養護の課題と将来像』2011年

児童養護施設等の社会的養護の課題に関する検討委員会・社会保障審議会児童部会社会
　的養護専門委員会とりまとめ（平成23年7月）の概要とその取組の状況『社会的養護
　の課題と将来像の実現に向けて』平成25年3月版

北川清一編著『児童福祉施設と実践方法—養護原理とソーシャルワーク』中央法規出版
　2005年

神戸賢次・喜多一憲編『新選・児童の社会的養護原理』みらい　2011年

橋本好市・宮田徹編『保育と社会福祉　第2版』みらい　2015年

小池由佳・山縣文治編著『社会的養護（第2版）』ミネルヴァ書房　2012年

福祉文化学会監修「福祉と人権」を考える研究グループ編『福祉文化ライブラリー　自
　己実現のための福祉と人権』中央法規出版　1995年

『10改訂　子どもの権利ノート』子どもの権利・教育・文化 全国センター　2010年

社会福祉士養成講座編集委員会編『児童や家庭に対する支援と児童・家庭福祉制度（第
　4版）』中央法規出版　2013年

古川孝順・田澤あけみ編『現代の児童福祉』有斐閣　2008年

志田民吉責任編集　福祉臨床シリーズ編集委員会編『臨床に必要な人権と権利擁護—人
　権・権利擁護論』弘文堂　2006年

特定非営利活動法人子どもの村福岡編『国連子どもの代替教育に関するガイドライン—
　SOS子どもの村と福岡の取り組み』福村出版　2011年

第4章

社会福祉と子ども家庭福祉の法体系と実施体制

1　社会福祉の法体系と財政

(1)　社会福祉法

　1951（昭和26）年に制定された社会福祉事業法を2000（平成12）年に改題・改正したもので、わが国の社会福祉を目的とする事業の全分野の共通的基本事項を定めている法律である（図4－1）。福祉サービスの利用者の利益の保護、地域における社会福祉の推進、社会福祉事業の公明かつ適正な実施の確保、社会福祉を目的とする事業の健全な発達を図ることなどを目的にしている（表4－1）。

図4－1　社会福祉法と関連法制度

老人福祉法	障害者の日常生活及び社会生活を総合的に支援するための法律			児童福祉法	母子及び父子並びに寡婦福祉法	生活保護法
	身体障害者福祉法	知的障害者福祉法	精神保健及び精神障害者福祉に関する法律			
社　会　福　祉　法						

表4－1　社会福祉法の目的

第1条　この法律は、社会福祉を目的とする事業の全分野における共通的基本事項を定め、社会福祉を目的とする他の法律と相まつて、福祉サービスの利用者の利益の保護及び地域における社会福祉の推進を図るとともに、社会福祉事業の公明かつ適正な実施の確保及び社会福祉を目的とする事業の健全な発達を図り、もつて社会福祉の増進に資することを目的とする。

2000年（平成12）年の法改正のきっかけとなった社会福祉基礎構造改革で、社会福祉制度の提供を「福祉サービス」の利用という新たな枠組みでとらえたことを受けて、措置制度から利用者本位の利用制度への転換、福祉サービスに関する情報の公開の義務、利用者保護の仕組み（表4－2）の導入などが図られ、わが国の社会福祉制度の大きな転換点となった。

全体に共通して通用する事項である総則には、社会福祉の目的（第1条）のほかに、社会福祉事業の定義（第2条）、「第一種社会福祉事業」*1「第二種社会福祉事業」*2や福祉サービスの基本的理念（第3条）、地域福祉の推進（第4条）、福祉サービスの提供の原則（第5条）、福祉サービスの提供体制の確保等に関する国及び地方公共団体の責務（第6条）が規定されている。

そのほかにも、地方社会福祉審議会、福祉事務所、社会福祉主事、社会福祉法人、福祉サービスの適切な利用、福祉人材センター、地域福祉計画、社会福祉協議会、共同募金についても定めている。

表4－2　利用者保護のための仕組み

・日常生活自立支援事業※…認知症高齢者・精神障害者・知的障害者などのうち判断能力が十分でない者が、地域において自立した生活を送ることができるようにするため、福祉サービスの利用や日常的な金銭管理に関する援助を支援計画に基づいて行う事業で、成年後見制度の補完的役割として制度化された。 ・苦情解決の仕組みの導入…福祉サービスに対する利用者の苦情を解決するために、第三者や運営適正化委員会が関与する。利用契約に説明と書面の交付義務がある。

※　2006（平成18）年までは地域福祉権利擁護事業とよばれていた。

(2)　生活保護法

広義の社会保障として、社会保険や公的扶助を利用するという一般施策のほかに、貧困対策としての生活保護法がある。

生活保護法は生活に困窮するすべての国民に対して、必要な保護を行い、その最低限度の生活を保障するとともに自立を助長することを目的としている。これは、日本国憲法第25条の生存権保障を具体化した法であり、それを柱として国家責任・無差別平等・最低生活保障・保護の補足性の各原理と、申請保護・基準および程度・必要即応・世帯単位の各原則が定められている。

また、戦前の慈善的な福祉のイメージを払拭したものとして不服申し立てができ、代表的な裁判として朝日訴訟があげられる。

近年は、高齢化や失業などによって生活保護受給者は増加する一方で、そ

の原因が非正規雇用でしか働けないことや貧困の連鎖によって若年層が生活保護受給者となっていることが問題視されるようになった。

(3)　児童福祉法

　児童福祉法は1947（昭和22）年の制定時から、その時々の社会のニーズに合わせて改正を繰り返してきたが、その基本となる「児童福祉の理念」は見直されることはなかったが、2016（平成28）年の改正では「児童の権利に関する条約」の理念に基づき、児童は権利を持った主体であること、児童の最善の利益が優先されることが明確化された。第1条で、児童が適切な養育を受け、健やかな成長・発達や自立等を保障される権利を有することが、第2条で、最善の利益が優先して考慮される存在であることが明記され、児童が大人の従者ではない、ひとりの人である権利がようやく保障されたのである。

　また、第2条第3項で、児童育成の責任については国や地方公共団体の役割・責務を明確化するとともに、第2項で、保護者が「第一義的責任を負う」とされたことにも注目すべきである[*3]。

　総則では、理念のほかに、国及び地方公共団体の責務（第3条の2・3）、「児童」「保護者」「事業」などの定義（第4〜7条）、児童福祉審議会等（第8・9条）、実施機関（第10〜12条の6）、児童福祉司（第13〜15条）、児童委員（第16〜18条の3）、保育士（第18条の4〜18条の24）が定められている。

　さらに、第2章には福祉の保障として、療育の指導、小児慢性特定疾病医療費の支給等、居宅生活の支援、助産施設、母子生活支援施設及び保育所への入所等、障害児入所費、給付費、高額障害児入所給付費及び特定入所障害児食費等給付費並びに障害児入所医療費の支給、障害児相談支援給付費及び特例障害児相談支援給付費の支給、要保護児童の保護措置等、被措置児童等虐待の防止等が定められている。そのほかにも、事業、養育里親及び養子縁組里親並びに施設（第3章）、費用（第4章）、国民健康保険団体連合会の児童福祉法関係業務（第5章）、審査請求（第6章）などが定められている。

　児童福祉法は、社会の変化に応じて改正され、それに基づいて制度の改善が図られてきた。特に、1997（平成9）年の改正は、保育所を中心にその機能を変革し、保護だけではなく自立を支援するという新たな課題を盛り込んだ大幅な改正であった。

　その後も、児童虐待の増加や少子化社会の進行を背景にした、2000（平成12）年の児童虐待の防止等に関する法律の成立、2003（同15）年の少子化社会対策基本法や次世代育成支援対策推進法の成立、2012（同24）年の子ども・

*3　子ども・子育て関連3法の趣旨における基本的認識などが、保護者の子育てについての第一義的責任を謳っていることに沿って改正されたと考えられる。なお、2017（平成29）年に改定された「保育所保育指針」の第4章「子育て支援」においても保護者自身の主体性、自己決定を尊重することを基本としている。

子育て関連3法の成立などに伴い法改正が行われた。

　2016（平成28）年の改正では、すべての子どもが健全に育成されるよう、特に児童虐待について発生予防から自立支援まで一連の対策のさらなる強化等を図るため、児童福祉法の理念を明確化するとともに、市町村および児童相談所の体制の強化、里親委託の推進などが図られた。

（4）　身体障害者福祉法

　この法の目的は、身体障害者の自立と社会経済活動への参加を促進するために、援助、保護し、身体障害者の福祉の増進を図ることである。

　定義には、身体障害者・事業・施設が定められており、この法律において「身体障害者」とは、身体上の障害がある18歳以上の者で、身体障害者手帳の交付を受けている者と定義されている。

（5）　知的障害者福祉法

　知的障害者福祉法は以前、精神薄弱者福祉法と呼ばれていた法であり、精神薄弱という言葉がもつマイナスイメージなどの問題から、1998（平成10）年に知的障害と表現を改めたものである。

　目的としては、知的障害者の自立と社会経済活動への参加のための援助をするとともに、必要な保護を行うことによって知的障害者の福祉を図ることにある。

　この「知的障害者の自立と社会経済活動への参加の促進」は、2000（平成12）年の法改正時に新たに規定されており、身体障害者福祉と同様、地域生活を視野に入れていることが理解できる。

　本法に知的障害者の明確な定義はないが、「知的障害児（者）基礎調査」（厚生労働省）では「知的機能の障害が発達期（おおむね18歳まで）にあらわれ、日常生活に支障が生じているため、何らかの特別の援助を必要とする状態にあるもの」と定義されている。また、「18歳以上の知的障害者」という表現を使用しつつも、知的障害者に対する福祉サービスが児童から成人まで関連性をもって行われるよう相互に協力することを明確にしている。

（6）　老人福祉法

　高齢者の福祉に関する原理を明らかにするとともに、高齢者に対し、その

心身の健康の保持および生活の安定のために必要な措置を講じることで、高齢者の福祉を図ろうとする目的のもと1963（昭和38）年に定められた法律である。

その基本的理念では、高齢者を「多年にわたり社会の進展に寄与してきた者」「豊富な知識と経験を有する者」と位置づけ、老齢によって心身は変化していても、社会的活動に参加する社会構成員の一人と考えられている。

本法では「老人」の明確な定義はなされていないが、老人居宅介護等事業（ホームヘルプサービス）・老人デイサービス事業・老人短期入所事業（ショートステイ）等の措置を実施できる対象の者を「65歳以上の者」としている。

また近年、自分が従来暮らしていた地域で生活することに価値が置かれている傾向にあるため、先にあげたような在宅福祉に関する項目が重点的に取り上げられている。

なお、介護が必要な状態になったときに介護サービスを利用できる仕組みとしては介護保険制度があり、基本的には、介護保険制度のサービス利用を優先したうえで、介護保険制度では対応できない何らかの事情がある場合に、老人福祉法の措置としてサービスが提供される。

(7)　母子及び父子並びに寡婦福祉法

この法律は1964（昭和39）年に制定された「母子福祉法」にはじまっており、もともとは成人していない子どもをもつ母子家庭に対して生活の保障を約束する法律であった。しかし、後に子どもが成人し、独立したことによって一人となった母親（寡婦）の保障についても認めるべきであるという声に、1981（同56）年、「母子及び寡婦福祉法」へと名称変更し、さらに2014（平成26）年10月より、父子家庭への制度拡充とあわせて「母子及び父子並びに寡婦福祉法」に名称変更したものである。

目的としては母子家庭・父子家庭・寡婦の福祉についての原理を明らかにしたうえで、生活の安定と向上のために必要な措置を講じ、母子家庭・父子家庭・寡婦の福祉を図ることとしている。

(8)　その他の社会福祉関係法

高齢者の医療の確保に関する法律

老人福祉法が制定されてから、①過去10年間における老人医療費無料化が老人医療費の急増をまねいたこと、②治療中心で健康づくり等の予防対策が

手薄であったこと、③各医療健康保険制度間に老人の加入者割合のばらつきがあったことによる負担の不均等等をまねいたことなどの問題が浮上し、老人の医療・保健サービスの新たな法律として1982（昭和57）年に老人保健法が制定された。

しかし、高齢社会の進展に伴い高齢者医療費が増大したことにより、新たな高齢者医療の枠組みが必要となり、2007（平成19）年に健康保険法等の一部を改正する法律が成立、老人保健法は「高齢者の医療の確保に関する法律」（高齢者医療確保法）に改められ、都道府県ごとにすべての市町村が加入する広域連合が保険者となり、75歳以上の高齢者および65歳から74歳以下の寝たきり高齢者等を被保険者とする「後期高齢者医療制度」に引き継がれた。

介護保険法

この法律は、❶家庭の介護力低下、❷高齢障害者の増加、❸超高齢社会への進展にあたり、各家庭が過重な介護負担を背負うことなく、誰もが安心して暮らせるよう社会全体で介護を支えるために、保険制度のもとで介護サービスを給付するというものである。

市町村および特別区が保険者となり、❶65歳以上の者、❷医療保険に加入している40歳〜65歳未満の被保険者が、申請によって要介護認定を受け、介護支援専門員などによって立てられた介護サービス計画に添って、在宅介護サービスや施設介護サービスを利用することができる。

介護保険による介護サービスの給付は、高齢者人口の増加とともに年々増加し、保険財政が逼迫してきている。そこで、2018（平成29）年に「地域包括ケアシステムの強化のための介護保険法等の一部を改正する法律」が成立した。

この法律は「地域包括ケアシステムの深化・推進」と「介護保険制度の持続可能性の確保」を二本の柱としており、地域包括ケアシステムについては市町村における保険者機能の強化や慢性期の医療・介護ニーズの受け皿としての新たな介護保険施設（介護医療院）の創設、共生型サービスの創設等「地域共生社会」の実現に向けた取り組みの推進が盛り込まれている。

介護保険制度の持続可能性については、介護給付の自己負担2割のうち特に所得の高い被保険者の負担割合を3割に引き上げるほか、各医療保険者が納付する介護納付金について被用者保険間では総報酬割とすることが盛り込まれた。

精神保健及び精神障害者福祉に関する法律

この法律の目的は、精神障害者等の医療および保護、社会復帰の促進や自立、社会経済活動への参加促進、発生の予防や国民の精神的健康の保持・増

進などに努めることとしている。

　内容としては精神保健福祉センター、地方精神保健福祉審議会、精神医療審査会をはじめ、精神保健指定医および精神科病院、精神障害者保健福祉手帳などについての規定がなされている。

障害者総合支援法

　この法律は、障害者基本法の基本的理念に則り、身体障害者福祉法、知的障害者福祉法、精神保健及び精神障害者福祉に関する法律、児童福祉法、その他障害者および障害児の福祉に関する法律と相まって、障害者および障害児が基本的人権を享有する個人としての尊厳にふさわしい日常生活または社会生活を営むことができるよう、必要な障害福祉サービスに係る給付、地域生活支援事業その他の支援を総合的に行い、障害者および障害児の福祉の増進を図るとともに、障害の有無にかかわらず国民が相互に人格と個性を尊重し安心して暮らすことのできる地域社会の実現に寄与することを目的としている。

　障害者の福祉サービスは、2003（平成15）年の支援費制度の開始により、それまでの措置によるサービス提供から、本人の希望によりサービスを選択し、契約できる仕組みとなった。その後、支援費制度が精神障害のある者を対象としていなかったり、サービス利用者数の増加に伴い財源不足に陥るなどの課題が生じたため、2005（同17）年に障害者自立支援法が成立し、障害の種類によって異なっていた各種福祉サービスが一元化され、障害の種類を超えてサービス提供されることが期待された。しかし、自己負担が急増するなど障害者の基本的人権にまつわる批判が相次いだ。そこで、応急的に応益負担を応能負担に変更するなどの改正が加えられたものの、2013（同25）年に障害者自立支援法を廃止し、"制度の谷間"がなく、サービスの利用者負担を応能負担とする障害者総合支援法が制定された。この法律では、障害者の範囲に難病等による障害も加えられた。

(9)　福祉の財源

一般会計（厚生労働省）

　厚生労働省の予算として計上されている一般会計は、主に生活保護費、社会福祉費、社会保険費、保健衛生対策費、失業対策費などがある。一般会計予算は社会保障費の増加により、年々その予算規模は大きくなっている。また、厚生労働省の一般会計予算は国の一般会計予算の約3割を占めている。

特別会計（厚生労働省）

　厚生労働省所管の特別会計には、年金特別会計、労働保険特別会計がある。

　年金特別会計は、国民年金・厚生年金においては、事業主および被保険者の支払う保険料、積立金、積立金から生じる運用収入、国庫負担を財源として、年金受給者への給付を行っている。

　労働保険特別会計は、労災保険事業を経理する労災勘定と雇用保険事業を経理する雇用勘定、労働保険料の徴収に係る業務を経理する徴収勘定の３勘定に区分され、保険給付などの事業を行っている。

都道府県、市町村の財政

　都道府県と市の予算についても国と同様に一般会計と特別会計が計上されていることが一般的であるが、町村については地域格差が激しく、都道府県に依存したり広域連合などの行政組合を設立して負担の重い介護や医療などについての財源を確保したりしている。また、病院や交通事業などの公営企業を有する地方公共団体は、その公営企業の予算も含めて計上している。

社会保障給付費

　社会保障給付費は、社会保障給付費として一般的に年金、医療、介護、福祉その他の経費を指すことが多い。2015（平成27）年度の社会保障関係費は114.9兆円で過去最高となっている。国民１人あたりでみると93.8万円になる。今後も高齢化が進めば特に年金と医療、介護に関する給付が増大すると考えられている。

2　子ども家庭福祉の法体系と財政

(1)　児童福祉法による児童等の定義

子ども家庭福祉の理念と責務

　子ども家庭福祉の理念は、すべての子どもの健やかな育ちの保障であり、その責任は国・地方公共団体・子どもの保護者にあり、児童福祉法第１条で理念を、第２条でその責務を、第３条でその原理を規定している。

児童等の定義

　第４条では、児童を「満18歳に満たない者」と定義している。ここで注意すべき点は、「児童の対象年齢」が各法律によって異なる点である。母子及び父子並びに寡婦福祉法では「20歳に満たない者」、児童手当法では「18歳に達する日以後の最初の３月31日までの間にある者」、児童扶養手当法では

「18歳に達する日以後の最初の3月31日までの間にある者又は20歳未満で政令で定める程度の障害の状態にある者」、労働基準法では「満15歳に達した日以後の最初の3月31日が終了するまで」と規定しているなど多様な定義がある。

　さらに、児童福祉法における児童に関する定義をより詳しく分類すると以下のようになる。
・乳　　児…満1歳に満たない者
・幼　　児…満1歳から、小学校就学の始期に達するまでの者
・少　　年…小学校就学の始期から、満18歳に達するまでの者
・障害児…身体に障害のある児童、知的障害のある児童、精神に障害のある児童（発達障害児を含む）、治療方法が確定していない疾病その他の特殊の疾患により、一定の障害がある児童
・妊産婦…妊娠中または出産後1年以内の女子
・保護者…親権を行う者、未成年後見人その他の者で、児童を現に監護する者

(2)　児童扶養手当法

　1961（昭和36）年制定。児童扶養手当とは、さまざまな理由により、父または母と生計を同じくしていない児童を養育している家庭の生活安定と自立促進、児童の福祉の増進を図ることを目的として支給される経済的支援である。これまでの児童扶養手当は、「母子家庭」を対象とした経済的支援であったが、ひとり親家庭の自立を支援するため、2010（平成22）年8月より「父子家庭」も支給対象となった。

　児童扶養手当を受給することのできる児童は、18歳に達する日以後の最初の3月31日までの間にある者、障害児の場合には20歳未満で政令で定める程度の障害の状態にある者であるが、所得制限がある。

(3)　特別児童扶養手当等の支給に関する法律

　1964（昭和39）年制定。障害児や障害者、それらを監護する父母や養育者に対して経済的支援を行うことを定めた法律である。法では、精神または身体に障害を有する児童を養育する者に「特別児童扶養手当」、精神または身体に重度の障害を有する児童に「障害児福祉手当」、精神または身体に著しく重度の障害を有する者に「特別障害者手当」を支給することが定められて

いる。

特別児童扶養手当

　障害児の父もしくは母がその障害児を監護するときや、当該障害児の父母以外の者がその障害児を養育するときに、特別児童扶養手当が支給される。ここでの「障害児」の定義については、20歳未満であって、一定の障害の状態にある者とされている。児童の障害の程度に応じた支給額となっており、児童扶養手当と同様に所得制限が設けられている。

障害児福祉手当

　障害児のうち、重度の障害の状態にあるため、日常生活において常時の介護を必要とする者（重度障害児）に支給される。所得制限と支給制限があり、児童福祉法に規定する障害児入所施設その他これに類する施設で厚生労働省令で定めるものに収容されている場合には支給されない。

特別障害者手当

　20歳以上であって、著しく重度の障害の状態にあるため、日常生活において常時特別の介護を必要とする者（特別障害者）で在宅生活する際に支給される。障害児福祉手当と同様に所得制限と支給制限があり、障害者総合支援法に規定する障害者支援施設に入所し「生活介護」を受けている場合や、障害者支援施設に類する施設で厚生労働省令で定めるものに入所して「生活介護」を受けている場合、病院または診療所に継続して3か月を超えて入院するに至った場合には支給されない。

⑷　母子保健法

　1965（昭和40）年制定。母子保健法の目的は、母性および乳幼児の健康の保持と増進を図るため、母性および乳幼児に対する保健指導、健康診査、医療その他の措置を講じ、国民保健の向上に寄与することとしている。

　母子保健向上に関する措置としては、母子保健に関する知識の普及、妊産婦等への保健指導、新生児・妊産婦への訪問指導、乳幼児の健康診査、母子健康手帳の交付などである。

　なお、第5条第2項では、国および地方公共団体の責務として、母子保健に関する施策を行うにあたっては、「乳児及び幼児に対する虐待の予防及び早期発見に資するものであることに留意する」ことが定められ、また第22条では、市町村に対して「必要に応じ、母子健康包括支援センターを設置するように努めなければならない」と定められている。

(5)　児童手当法

1971（昭和46）年制定。子どもに対する経済的支援は1926年にニュージーランドにおいて行われた支援がはじまりであり、1950年代頃には、先進諸国において子どもやその家庭に対する経済的支援が開始されている。日本においては、1971（同46）年に児童手当法が成立し、1972（同47）年より支給が開始された。

児童手当法は「児童を養育している者に児童手当を支給することにより、家庭等における生活の安定に寄与するとともに、次代の社会を担う児童の健やかな成長に資すること」（第1条）を目的としているが、制定当時はすべての児童に対して支給されていたわけではない。当時は第2次ベビーブーム期であり、多子世帯が増加した時期であったため、児童手当は多子世帯への経済的支援が目的であった。

法律成立直後の児童手当は、第3子以降で5歳未満の児童を対象に1人あたり月額3,000円を支給する制度であったが、年を追うごとに充実が図られることとなる。対象年齢が5歳未満から、10歳未満そして義務教育終了までになり、支給対象も第3子以降であったものが第2子、第1子までと大きく変化した。

2010・2011（平成22・23）年度は、児童手当に代わる「子ども手当」が創設・支給されたが、2012（同24）年度からは、従来の児童手当法に基づく児童手当として支給されている。

なお、児童手当は子ども・子育て支援法に規定される「子どものための現金給付」として位置づけられている。

(6)　児童買春、児童ポルノに係る行為等の規制及び処罰並びに児童の保護等に関する法律（児童買春禁止法）

1999（平成11）年制定。開発途上国における「児童買春」の問題は、子どもの人権を脅かす社会的国際問題であり、マスコミにおいても「児童買春」の問題が取り上げられている。しかし、この問題は開発途上国だけの問題ではない。わが国においても「児童買春」や「児童ポルノ」といった、子どもの人権を犯す行為によって逮捕者が出ていることも現実である。

児童買春禁止法は、性的搾取や性的虐待などから子どもを守り、国際的動向をふまえ、児童買春や児童ポルノに係る行為等を規制、これらの行為等を処罰することと、これらの行為等により心身に有害な影響を受けた子どもの

保護のための措置等を行い、子どもの権利を擁護することを目的に制定され、児童買春、児童買春周旋、児童買春勧誘、児童ポルノの提供など、処分の対象となる行為や量刑を規定している。

(7) 児童虐待の防止等に関する法律

2000（平成12）年制定。遡ること1933（昭和8）年に、子どもの身売り、欠食児童や母子心中などの社会問題を背景として、14歳未満の児童に対する虐待を防止し、これを保護・救済することを目的とした「児童虐待防止法」が制定されたが、この法律は、1947（同22）年の児童福祉法制定に伴い、内容が統合され廃止された。しかし、子ども虐待によって子どもが死亡や重傷を負う事件、育児放棄（ネグレクト）による餓死など、児童が健全な成長や発達に支障をきたす事件が大きな社会問題となっていることをふまえ、子どもに対する虐待の禁止、子ども虐待の予防および早期発見、子ども虐待の防止に関する国および地方公共団体の責務、子ども虐待を受けた子どもの保護および自立の支援のための措置等を定めた「児童虐待の防止等に関する法律」が、平成に入って改めて制定された。

「児童虐待の防止等に関する法律」第2条では、子ども虐待を身体的虐待（首を絞める、殴る、蹴るなど）、性的虐待（性的行為を強要する、性器や性交を見せるなど）、ネグレクト（家に閉じ込める、病院に連れて行かないなど）、心理的虐待（言葉による脅かし・脅迫など）の4つに分類し定義している。

なお、第14条では「児童の親権を行う者は、児童のしつけに際して、民法第820条の規定による監護及び教育に必要な範囲を超えて当該児童を懲戒してはならず、当該児童の親権の適切な行使に配慮しなければならない」と定められている。

＊4　配偶者からの暴力
婚姻関係のある夫婦間における「暴力」や事実婚関係における「暴力」、恋愛関係のなかでの「暴力」も含まれる。さらには、離婚後、事実婚や恋愛関係解消後の暴力も含まれる。なお、「配偶者」に関しては、夫からみれば妻は「配偶者」であり、妻からみれば夫は「配偶者」であるため、男女の別はない。つまり、女性だけが被害者ではなく、男性側も被害者になる場合がある。

(8) 配偶者からの暴力の防止及び被害者の保護等に関する法律（DV防止法）

2001（平成13）年制定。DV防止法は、配偶者からの暴力＊4に係る通報、相談、保護、自立支援等の体制を整備し、配偶者からの暴力の防止および被害者の保護を図るために制定された。具体的には、国および地方公共団体の責務、配偶者暴力相談支援センターの設置、婦人相談員による被害者への相談・指導、警察官による被害の防止、裁判所による保護命令などについて規定している。

(9)　少子化社会対策基本法

　2003（平成15）年制定。わが国の急激な少子高齢社会における「少子化」
対策を中心とした法律であり、少子化社会において講ぜられる施策の基本理
念を明らかにし、少子化に的確に対処するための施策を総合的に推進するた
めに制定されたものである。

　第7条では「政府は、少子化に対処するための施策の指針として、総合的
かつ長期的な少子化に対処するための施策の大綱を定めなければならない」
と規定され、2004（平成16）年に「少子化社会対策大綱」が閣議決定された。

(10)　少年法

　1948（昭和23）年制定。少年法は、少年を健全に育成し、非行のある少年
に対して性格の矯正と環境の調整に関する保護処分を行うことを目的に制定
された。この法律において「少年」とは20歳に満たない者をいい、非行少年
を年齢と行為の内容で次のように規定している。
・犯罪少年…14歳以上で罪を犯した少年
・触法少年…14歳に満たないで刑罰法令に触れる行為をした少年
・虞犯少年…性格または環境に照らして、将来、罪を犯し、または刑罰法令
　　　　　　に触れる行為をする虞のある少年

(11)　子ども・子育て支援法

　2012（平成24）年制定。子ども・子育て支援法は、急速な少子化の進行並
びに家庭および地域を取り巻く環境の変化に鑑み、児童福祉法等の子どもに
関する法律に施策とともに、子ども・子育て支援給付等の必要な支援を行う
ことにより「子どもが健やかに成長することができる社会」の実現を目的に
制定され、2015（平成27）年に施行された。

　子ども・子育て支援法の理念として、第2条には「父母その他の保護者が
子育てについての第一義的責任を有するという基本的認識の下に、家庭、学
校、地域、職域その他の社会のあらゆる分野における全ての構成員が、各々
の役割を果たすとともに、相互に協力して行われなければならない」とあり、
さらに第2項以下に「子ども・子育て支援給付その他の子ども・子育て支援
の内容及び水準は、全ての子どもが健やかに成長するように支援するもので
あって、良質かつ適切なものでなければならない」「子ども・子育て支援給

付その他の子ども・子育て支援は、地域の実情に応じて、総合的かつ効率的に提供されるよう配慮して行われなければならない」と規定している。

⑫　子どもの貧困対策の推進に関する法律

　2013（平成25）年制定。子どもの貧困問題は、新聞などのマスメディアにおいて積極的に取り上げられており、子ども7人のうち1人、ひとり親世帯の子どもにおいては、2人に1人が貧困に苦しんでいる状況である。このような状況のなか、子どもの将来がその生まれ育った環境によって左右されることなく、貧困状況にある子どもが健やかに育成される環境を整備し、教育の機会均等を図るなど、子どもの貧困対策を総合的に推進することを目的にこの法律は制定され、2014（同26）年1月に施行された。

　子どもの貧困対策の推進に関する法律の基本理念として、第2条に「子ども等に対する教育の支援、生活の支援、就労の支援、経済的支援等の施策を、子どもの将来がその生まれ育った環境によって左右されることのない社会を実現することを旨として講ずることにより、推進されなければならない」とあり、さらに「子どもの貧困対策は、国及び地方公共団体の関係機関相互の密接な連携の下に、関連分野における総合的な取組として行われなければならない」と規義している。

　2014（平成26）年8月、政府は「子供の貧困対策に関する大綱－全ての子供たちが夢と希望を持って成長していける社会の実現を目指して」の閣議決定を行い、子どもの貧困の改善に向けた当面の具体的な重点施策（教育支援、生活支援、保護者の就労支援、経済支援など）を示している。

⑬　子ども家庭福祉の財政と費用負担

国の財政

　財政とは「国や地方公共団体がサービスを供給していくうえで必要な財源を調達し、これを管理し、必要な費用を支出していく営み」[1] である。公的な児童福祉サービスのためにかかる経費は、公的負担の原則に基づき、国や地方公共団体が一定割合を負担する。公的資金の主な財源は税金である。

　国の財政における児童家庭福祉関係費の主な支出項目には、児童保護措置費*5、社会福祉施設等施設整備費*6などがある。

地方公共団体の財政

　地方公共団体の財源は、地方税、地方交付税、国庫支出金、地方債などで

＊5　児童保護措置費
児童福祉施設等に児童が入所した際、一定の基準を維持するために要する費用に対する国の負担金。

＊6　社会福祉施設等施設整備費
施設の創設、増改築、拡張、整備、改修等を行った際に国が補助する費用。

まかなわれている。国からの「国庫補助金」である地方交付税と国庫支出金が財源のなかで高い比率を占めている。

　施設を新設あるいは改築するときには、国の施設整備予算から一定割合で補助金が支給される。

　地方公共団体の財政における子ども家庭福祉関係費の支出科目は、社会福祉全体に係る費目である民生費のうちの児童福祉費である。

児童福祉施設等措置費

　子ども家庭福祉サービスを行うための行政機関の決定を措置という。施設などへの事前の入所相談は措置を行う機関により行われるが、形式としては行政処分となる。

　児童福祉施設を運営していくうえで、一定の「基準」*7を維持するのに必要な経費が「措置費」である。措置費は行政の責任で施設等が実施する福祉サービスにかかる費用に支払われる経費のことであり、施設を利用する人の日常生活費や給食費、あるいは教育費などに充てられる「事業費」と、施設職員の人件費や施設管理のために使われる「事務費」とに分類される。

子ども・子育て支援新制度における利用方式と費用負担

　2015（平成27）年度からスタートした「子ども・子育て支援新制度」では、認定こども園、保育所、幼稚園を通じた共通の給付である「施設型給付」と小規模保育等に対する「地域型保育給付」により、市町村の確認を受けた施設・事業の利用にあたって財政支援を行う。

　給付に関する財政措置は、私立施設においては国が2分の1、都道府県が4分の1、市町村が4分の1の割合で、公立施設については全額市町村負担とし（表4－3）、地方交付税により一般財源化されている。

*7　基準
児童福祉法第45条は「都道府県は、児童福祉施設の設備及び運営について、条例で基準を定めなければならない」と規定している。それに基づき「児童福祉施設の設備及び運営に関する基準」（厚生労働省令）に施設の設備や職員、運営の基準が定められており、措置費を算定する基礎になっている。
各施設の設備および運営についての基準が守られるよう、厚生労働大臣や都道府県知事による監査が実施される。また、里親には別に、「里親が行う養育に関する最低基準」が定められている。

表4－3　国・地方の負担割合

		国	都道府県	市町村	備考
施設型給付	私立	1／2	1／4	1／4	
	公立			10／10	
地域型保育給付（公私共通）		1／2	1／4	1／4	
地域子ども・子育て支援事業		1／3	1／3	1／3	妊婦健康診査、延長保育事業（公立分）のみ市町村10／10

資料：内閣府
出典：厚生労働統計協会編『国民の福祉と介護の動向　2018/2019』厚生労働統計協会　2018年　p.94

　社会福祉・子ども家庭福祉の行政機関

(1)　厚生労働省

　厚生労働省は、わが国における福祉行政の中枢機関であり、2001（平成13）年の中央省庁再編により厚生省（1938〈昭和13〉年設置）と労働省（1947〈同22〉年設置）が統合されて設置されたものである。

　厚生労働省には内部部局として、大臣官房、医政局、健康局、医薬・生活衛生局、労働基準局、職業安定局、雇用環境・均等局、子ども家庭局、社会・援護局、老健局、保険局、年金局、人材開発総括官、政策統括官が置かれており、外局には中央労働委員会が置かれている。また、厚生労働省の諮問機関として社会保障審議会、厚生科学審議会、労働政策審議会、医道審議会、薬事・食品衛生審議会、がん対策推進協議会、肝炎対策推進協議会、アレルギー疾患対策推進協議会、中央最低賃金審議会、労働保険審査会、アルコール健康障害対策関係会議、過労死等防止対策推進協議会、中央社会保険医療審議会、社会保険審査会、国立研究開発法人審議会、疾病・障害認定審査会、援護審査会が設置されており、その他にも国立武蔵野学院やきぬ川学院（国立児童自立支援施設）、国立障害者リハビリテーションセンター、国立ハンセン病療養所なども設置されている。

(2)　社会保障審議会

　1948（昭和23）年に内閣総理大臣の諮問機関として設置された社会保障制度審議会（社会保障制度審議会設置法）が、2001（平成13）年の中央省庁再編により廃止され、社会保障関連の8つの審議会（中央社会福祉審議会、中央児童福祉審議会、身体障害者福祉審議会、医療審議会、医療保険福祉審議会、年金審議会、人口問題審議会、厚生統計協議会）を統合改組し、新たに厚生労働大臣の諮問機関として厚生労働省設置法に基づき、設置されたものである。

　審議会には分科会（統計分科会、医療分科会、福祉文化分科会、介護給付費分科会、年金記録訂正分科会、年金資金運用分科会）が置かれており、厚生労働大臣の諮問に応じて社会保障問題についての事項や人口問題に関する事項などの調査審議を行う。

　審議会の委員は30人以内とし、任期は2年である。

(3)　都道府県、市町村の福祉行政

都道府県の福祉行政

　都道府県の福祉行政は、一般的に福祉部や健康福祉部などの部局と子育て支援課や家庭課などのような部課が置かれている。専門的な福祉サービスの提供や判定については、福祉事務所や児童相談所、身体障害者更生相談所、知的障害者更生相談所などが行っている。

市町村の福祉行政

　市町村の福祉行政も都道府県と同様に、一般的に部局と部課が置かれている。専門的な福祉サービスの提供については福祉事務所（町村は任意設置）が行っており、政令指定都市に関しては児童相談所が設置され、任意で身体障害者更生相談所、知的障害者更生相談所も設置されている。

広域連合

　1994（平成 6 ）年の地方自治法改正によって定められた都道府県と市町村などで組織された行政機関の組合で、1995（同 7 ）年に施行され、介護保険制度などで地方公共団体と同等の権限が与えられている。

(4)　福祉事務所

　福祉事務所は、福祉行政の具体的実施機関として都道府県と市に設置が義務づけられており、町村は任意設置となっている。

　都道府県福祉事務所は、児童福祉、母子及び父子並びに寡婦福祉、生活保護に関する業務を行っており、市および任意で設置した町村福祉事務所は児童福祉、母子及び父子並びに寡婦福祉、生活保護、身体障害者福祉、知的障害者福祉、老人福祉に関する業務を行っている。

　都道府県福祉事務所および市福祉事務所、任意設置された町村福祉事務所には、所長、指導監督を行う所員（査察指導員）、現業を行う所員（現業員）、事務を行う所員（事務員）が配置されている。また、指導監督を行う所員と現業を行う所員については、社会福祉主事資格が必要となる。

　福祉事務所の具体的業務に関しては、児童福祉法、母子及び父子並びに寡婦福祉法、生活保護法、身体障害者福祉法、知的障害者福祉法、老人福祉法に定められている。

(5) 児童相談所

　児童相談所は、児童福祉法に定められた児童に関する福祉行政機関であり、都道府県と政令指定都市に設置が義務づけられており、中核市（人口20万人以上）および特別区（東京23区）、並びに児童相談所設置市（児童相談所を設置する市として政令で定める市）についても任意で設置することができる。

　児童相談所には、所長、判定を行う所員（児童心理司）、相談および調査を行う所員が配置されている。相談および調査を行う所員については、児童福祉司資格が必要である。

　業務内容は、❶子どもに関する家庭などからの相談に対する専門的な知識および技術の提供、❷子どもおよびその家庭などについての調査並びに医学的、心理学的、教育学的、社会学的および精神保健上の判定、❸その調査または判定に基づいての指導、❹子どもの一時保護を行うなどである。また、児童相談所は必要に応じて巡回して業務を行うことができ、福祉事務所に必要な調査を委嘱することができる。

(6) 身体障害者更生相談所

　身体障害者更生相談所は、身体障害者福祉法に定められた身体障害者に対する福祉行政機関で、都道府県に設置が義務づけられており、政令指定都市に関しては任意で設置することができる。また、身体障害者更生相談所に身体障害者福祉司を置かなければならない。

　業務内容は、❶市町村相互間の連絡調整、市町村に対する情報の提供、❷身体障害者に関する相談および指導のうち、専門的な知識および技術を必要とするものを行うこと、❸身体障害者の医学的、心理学的および職能的判定などを行うことである。また、必要に応じて巡回して業務を行うことができる。市町村が必要とする場合には、障害者総合支援法に定められている自立支援医療の要否の判定や障害者総合支援法に基づく認定の相談などにも応じることとされている。

(7) 知的障害者更生相談所

　知的障害者更生相談所は、知的障害者福祉法に定められた知的障害者に対する福祉行政機関であり、都道府県に設置が義務づけられており、政令指定都市に関しては任意で設置することができる。また、知的障害者更生相談所

に知的障害者福祉司を置かなければならない。

　業務内容は、❶市町村の相互間の連絡調整、市町村に対する情報の提供、❷知的障害者に関する相談および指導のうち、専門的な知識および技術を必要とするものを行うこと、❸18歳以上の知的障害者の医学的、心理学的および職能的判定などを行うことなどである。また、必要に応じて巡回して業務を行うことができる。市町村が必要とする場合、障害者総合支援法に定められている自立支援医療の要否の判定や障害者総合支援法に基づく認定などの相談などにも応じることとされている。

（8）　婦人相談所

　婦人相談所は、売春防止法に定められた保護更生に関する行政機関であるが、「配偶者からの暴力の防止及び被害者の保護等に関する法律」（DV防止法）での配偶者暴力相談支援センターとしても機能しており、そのための一時保護施設が設置されている。また、婦人相談所は都道府県に設置が義務づけされており、婦人相談員が配置されているが、原則非常勤とされている。

　業務内容は、❶要保護女子に関する各般の問題の相談に応じること、❷要保護女子およびその家庭に必要な調査並びに医学的、心理学的および職能的判定を行い、これらに附随して必要な指導を行うこと、❸要保護女子の一時保護を行うことなどである。

4　福祉の民間専門機関と団体

（1）　社会福祉法人

　社会福祉法人は、社会福祉法に定められた社会福祉事業を行うことを目的として設立された法人であり、社会福祉法人の所轄庁は都道府県知事、政令指定都市および中核市の長となっている。また、都道府県を2つ以上またがる事業などを行う場合は厚生労働大臣となる。

　社会福祉法人は、一般の法人に比べて事業内容や財務状況などに関する規制がとても厳しく、所轄庁による厳格な監査が行われている。税制などに関しては他の法人と異なり補助金の交付や法人税などの優遇措置がある。

　社会福祉法人が行う事業は、❶第1種社会福祉事業および第2種社会福祉事業、❷公益事業（公益を目的に社会福祉を行う事業）、❸収益事業（収益

を社会福祉事業または公益事業にあてるための事業）である。

　社会福祉法人は、評議員会、理事会を設置し評議員、理事、監事を置かなければならない。評議員、役員の人数等は表4－4のとおりである。

　評議員会および評議員は社会福祉法の改正（2016〈平成28〉年）により2017（平成29）年4月から設置義務となった。また、特定社会福祉法人（その事業の規模が政令で定める基準を超える社会福祉法人）については、会計監査人を置かなければならない。

表4－4　社会福祉法人の評議員、役員の人数等

		人　数	兼務、親族等の選任	任　期
評議員		理事の役員数を超える人数（最低7人以上、理事が1人増えるごとに1人増やす）	役員または職員を兼ねることができない。また、その配偶者または3親等以内の親族などは評議員、役員となることができない（社会福祉法第40条）。	4年（6年まで任期の延長が可能）（社会福祉法第41条）
役員	理事	6人以上	その配偶者若しくは3親等以内の親族などが3人以上含まれ、またその配偶者及び3親等以内の親族などが理事の総数の3分の1を超えてはならない。	2年以内（社会福祉法第45条）
	監事	2人以上	理事、職員を兼務することはできない。また、理事に配偶者及び3親等以内の親族などがいる場合は、監事になることはできない（社会福祉法第44条）。	2年以内（社会福祉法第45条）

⑵　社会福祉協議会

　社会福祉協議会は、1949（昭和24）年にGHQ（連合国軍総司令部）が「社会福祉に関する協議会の設置」を指示したことにより、1951（同26）年に社会福祉事業法（現：社会福祉法）に基づいて設立された。

　社会福祉協議会には、全国社会福祉協議会と、都道府県社会福祉協議会、市区町村社会福祉協議会がある。また、政令指定都市によって行政区ごとに地区社会福祉協議会が設置されている。

　全国社会福祉協議会の業務内容として全国の社会福祉協議会の相互の連絡および事業の調整などを行っている。

　都道府県社会福祉協議会（政令指定都市の社会福祉協議会含む）の業務内

容は、❶広域的な社会福祉事業の企画および実施、❷広域的社会福祉活動への住民の参加のための援助、❸社会福祉事業に関する調査、普及、宣伝、連絡、調整および助成、❹社会福祉事業に従事する者の養成および研修、❺社会福祉事業の経営に関する指導および助言、❻市町村社会福祉協議会の相互の連絡および事業の調整などである。市町村社会福祉協議会の業務内容は、❶社会福祉事業（介護保険サービスを含む）の企画および実施、❷社会福祉活動への住民の参加のための援助、❸社会福祉事業に関する調査、普及、宣伝、連絡、調整および助成などである。

(3)　NPO法人

　NPO（特定非営利活動）法人は、1998（平成10）年に制定された特定非営利活動促進法に定められた法人である。所轄庁は、その主たる事務所が所在する都道府県の知事であり、その事務所が指定都市の区域内のみに所在する場合は、指定都市の長である。

　NPO法人には以下の20種類の活動内容が定められており、設立する際にどの種類の活動を行うかを申告しなければならない。

①　保健、医療又は福祉の増進を図る活動
②　社会教育の推進を図る活動
③　まちづくりの推進を図る活動
④　観光の振興を図る活動
⑤　農山漁村又は中山間地域の振興を図る活動
⑥　学術、文化、芸術又はスポーツの振興を図る活動
⑦　環境の保全を図る活動
⑧　災害救援活動
⑨　地域安全活動
⑩　人権の擁護又は平和の推進を図る活動
⑪　国際協力の活動
⑫　男女共同参画社会の形成の促進を図る活動
⑬　子どもの健全育成を図る活動
⑭　情報化社会の発展を図る活動
⑮　科学技術の振興を図る活動
⑯　経済活動の活性化を図る活動
⑰　職業能力の開発又は雇用機会の拡充を支援する活動
⑱　消費者の保護を図る活動

⑲　前各号に掲げる活動を行う団体の運営又は活動に関する連絡、助言又は
　援助の活動
⑳　前各号に掲げる活動に準ずる活動として都道府県又は指定都市の条例で
　定める活動

【初出一覧】
■第1節1～8項　今村裕紀子「社会福祉の意味と考え方」相澤譲治編『八訂保育士を
　めざす人の社会福祉』みらい　2018年　pp.48－56
■第1節9項／第3・4節　車川豊「社会福祉の実施機関と行財政」橋本好市・宮田徹
　編『保育と社会福祉　第3版』みらい　2019年　pp.94－95／pp.84－89
■第2節1～12項　重松義成「児童家庭福祉の制度と法体系」櫻井奈津子編『保育と子
　ども家庭福祉』みらい　2019年　pp.64－75
■第2節13項　佐藤貢一「児童家庭福祉行財政と実施機関」櫻井奈津子編『保育と子ど
　も家庭福祉』みらい　2019年　pp.80－81

【引用文献】
1）社会福祉士養成講座編集委員会編『福祉行財政と福祉計画（第2版）　新・社会福
　祉士養成講座10』中央法規出版　2010年　p.60

【参考文献】
保育福祉小六法編集委員会編『保育福祉小六法　2019年版』みらい　2019年
千葉喜久也『児童・家庭福祉論　第3版』みらい　2015年
厚生労働統計協会編『国民の福祉と介護の動向　2018/2019』厚生労働統計協会　2018年
山縣文治・柏女霊峰編集委員代表『社会福祉用語辞典　第9版』ミネルヴァ書房　2012年

【参考ホームページ】
厚生労働省：http://www.mhlw.go.jp/
総務省：http://www.soumu.go.jp/
福祉医療機構（WAM NET）：http://www.wam.go.jp/index.html

社会福祉と子ども家庭福祉の施設と専門職

1　社会福祉と子ども家庭福祉の施設

(1)　社会福祉施設とは

　社会福祉施設とは、社会生活上の問題を抱える高齢者、子ども、障害者、生活困窮者などに対して、問題の解決や軽減のために種々の社会福祉サービスの提供を行い、これらの者の福祉の増進を図ることを目的として設置された施設のことである。

　社会福祉施設は、生活保護法による「保護施設」、老人福祉法による「老人福祉施設」、障害者総合支援法による「障害者支援施設等」、身体障害者福祉法による「身体障害者社会参加支援施設」、児童福祉法による「児童福祉施設」、母子及び父子並びに寡婦福祉法による「母子・父子福祉施設」、売春防止法による「婦人保護施設」、その他の社会福祉施設などに大別することができる。

(2)　社会福祉施設の意義

　社会生活上の問題を抱えたとき、自分自身の努力や家族などからの支援により問題を解決したり軽減することができる者もいるが、それらのみでは問題の解決や軽減が難しいこともある。そのようなときには、居宅で暮らしながら社会福祉サービスを活用し、問題の解決あるいは軽減を図ることができる。それでも十分ではない場合や、あるいは居宅において社会福祉サービスを活用することが難しい場合もある。そのような場合、居宅以外の適当な場所、たとえば社会福祉施設などにおいて、日中の時間、あるいは一定の期間、または長期間にわたって社会福祉サービスを利用することで、社会生活上の問題を解決あるいは軽減することにつながる可能性がある。

　心身に障害のある子どもの治療・訓練を実施する場合や被虐待児童の保護

などについて考えた場合、利用者のニーズを満たす環境が整備され、安全で必要なサービスが適切に提供され、各種の専門職が配置された社会福祉施設が必要とされる。つまり、社会福祉施設とは、いつでも専門職による医療・福祉・介護等のサービスが提供できる体制にあるところに意義があるのである。

⑶　社会福祉施設の施設数

　2016（平成28）年10月1日現在の社会福祉施設の総数は7万101施設で、最も多いのは児童福祉施設であり、3万8,808施設となっている。なお、児童福祉施設については2万6,265施設が保育所（認定こども園を含む）となっている。老人福祉施設は、養護老人ホーム、軽費老人ホーム、老人福祉センターが5,291施設であるが、ここには介護保険施設が含まれていない（表5－1）。ちなみに、2016（平成28）年の介護サービス施設・事業所調査では、介護保険施設（介護老人福祉施設、介護老人保健施設、介護療養型医療施設）が合わせて1万3,270施設となっている（表5－2）。

表5－1　社会福祉施設数（種類別）

	施設数
総数	70,101
保護施設	293
老人福祉施設[*1]	5,291
障害者支援施設等	5,778
身体障害者社会参加支援施設	309
婦人保護施設	47
児童福祉施設	38,808
母子・父子福祉施設	56
その他の社会福祉施設等	19,519

資料：厚生労働省「社会福祉施設等調査報告書」平成28年10月1日現在
＊1　介護保険施設等は含まれない。

表5－2　介護保険施設数

	施設数
介護保険施設	13,270
介護老人福祉施設	7,705
介護老人保健施設	4,241
介護療養型医療施設	1,324

資料：厚生労働省「介護サービス施設・事業所調査」平成28年10月
　　　１日現在

(4)　社会福祉施設の経営主体

　社会福祉法において社会福祉事業は、第１種社会福祉事業および第２種社会福祉事業に分類している。第１種社会福祉事業は公共性が高く、強い規制や監督が求められる事業であることから、国、地方公共団体または社会福祉法人が経営することを原則としている。第２種社会福祉事業の経営については、国および都道府県以外の者が事業を開始したときは、事業経営地の都道府県知事に必要な事項を届け出なければならない。

　経営主体について明確な規定はないが、国や都道府県以外の経営については、社会福祉法人はもちろんのこと、株式会社やNPO法人などによる多様な経営主体が考えられる。

　社会福祉施設を経営主体によって分類すると、国や地方公共団体による公営施設、社会福祉法人、株式会社やNPO法人などによる私営施設に分類することができる。公営施設は減少傾向にあり、私営施設が増加する傾向にある。

(5)　社会福祉施設の種類

　社会福祉施設は、その目的により細分化され事業種別ごとに第１種及び第２種社会事業に振り分けられる。また、利用形態によって、入所施設、通所施設、利用施設に分けられる（表5－3）。

(6)　社会福祉施設の設備及び運営に関する基準

　厚生労働大臣は、社会福祉施設の「設備の規模」「構造」「福祉サービスの提供の方法」「利用者等からの苦情への対応」「その他の社会福祉施設の運営」について、必要とされる最低の基準を定めなければならない。それぞれの施

表5－3　社会福祉施設の種類（入所・通所・利用別）

保護施設	第1種	救護施設（入所）、更生施設（入所）、授産施設（通所）、宿所提供施設（利用）
	第2種	医療保護施設（利用）
老人福祉施設	第1種	養護老人ホーム（入所）、特別養護老人ホーム（入所）、軽費老人ホーム（入所）
	第2種	老人福祉センター（利用）、老人デイサービスセンター（通所）、老人短期入所施設（入所）、老人介護支援センター（利用）
障害者支援施設	第1種	障害者支援施設（入所・通所）
	第2種	地域活動支援センター（利用）、福祉ホーム（利用）
身体障害者社会参加支援施設	第1種	－
	第2種	身体障害者福祉センター(利用)、補装具製作施設(利用)、盲導犬訓練施設（利用）、点字図書館（利用）、点字出版施設（利用）、聴覚障害者情報提供施設（利用）
婦人保護施設	第1種	婦人保護施設（入所）
	第2種	－
児童福祉施設	第1種	乳児院（入所）、母子生活支援施設（入所）、児童養護施設（入所）、障害児入所施設（入所）、児童心理治療施設（入所・通所）、児童自立支援施設（入所・通所）
	第2種	助産施設（入所）、保育所（通所）、幼保連携型認定こども園（通所）、児童家庭支援センター（利用）、児童館（利用）、児童遊園（利用）、児童発達支援センター（通所）
母子・父子福祉施設	第1種	－
	第2種	母子・父子福祉センター（利用）、母子・父子休養ホーム（利用）
その他の社会福祉施設等	第1種	授産施設（通所）
	第2種	宿所提供施設（利用）、無料低額診療施設（利用）、隣保館（利用）、へき地保育所（通所）
	その他	盲人ホーム（利用）、へき地保健福祉館（利用）、地域福祉センター（利用）、老人憩の家（利用）、老人休養ホーム（利用）
	公益事業	有料老人ホーム（入所）

注）表中「第1種」＝第1種社会福祉事業、「第2種」＝第2種社会福祉事業

資料：厚生労働統計協会編『国民の福祉と介護の動向2017/2018』厚生労働統計協会　2017年　pp.319－321を参考に筆者作成

表5－4　主な社会福祉施設の設備及び運営に関する基準等

救護施設、更生施設、授産施設及び宿所提供施設の設備及び運営に関する基準
養護老人ホームの設備及び運営に関する基準
特別養護老人ホームの設備及び運営に関する基準
軽費老人ホームの設備及び運営に関する基準
障害者総合支援法に基づく障害者支援施設の設備及び運営に関する基準
障害者総合支援法に基づく地域活動支援センターの設備及び運営に関する基準
障害者総合支援法に基づく福祉ホームの設備及び運営に関する基準
身体障害者社会参加支援施設の設備及び運営に関する基準
婦人保護施設の設備及び運営に関する基準
児童福祉施設の設備及び運営に関する基準
母子父子・福祉施設の設置及び運営について

設の設備及び運営に関する基準等については省令などによって定められている（表5－4）。

　たとえば、「児童福祉施設の設備及び運営に関する基準」では、「児童福祉施設に入所している者が、明るくて、衛生的な環境において、素養があり、かつ、適切な訓練を受けた職員の指導により、心身ともに健やかにして、社会に適応するように育成されることを保障する」ことを目的として掲げ、児童福祉施設における職員の一般的要件、入所児童に対する虐待の禁止や平等に取り扱う原則、児童福祉施設の長の懲戒に係る権限の濫用禁止、苦情への対応、各児童福祉施設の設備の基準や職員数、配置などについて規定している。また、児童福祉施設は、この基準を超えて、常にその設備および運営を向上させなければならないこと、この基準を超えて設備を有している児童福祉施設の運営においては、この基準を理由に、その設備または運営を低下させてはならないと規定されている。

(7)　社会福祉施設の措置費負担割合

　社会福祉施設の運営にあたっては、介護保険法に基づく指定介護老人福祉施設のほか、障害者自立支援給付制度による障害者支援施設などの利用契約施設を除いて、措置あるいは措置委託された人数に応じた必要な費用（措置費）が公費で負担されている（表5－5）。

　措置費は、事務費と事業費に大別される。事務費は施設に従事する職員の給与などの人件費や旅費および施設の維持管理に要する管理費に充てられる。事業費は入所者の飲食物費や日常諸経費等の入所者処遇のための費用に充てられる。

表５－５　社会福祉施設の措置費（運営費）負担割合

施設種別	措置権者（※１）	入所先施設の区分	措置費支弁者（※１）	費用負担			
				国	都道府県指定都市中核市	市	町村
保護施設	知事指定都市長中核市市長	都道府県立施設市町村立施設私設施設	都道府県指定都市中核市	3/4	1/4	—	—
	市長（※２）		市	3/4	—	1/4	—
老人福祉施設	市町村長	都道府県立施設市町村立施設私設施設	市町村	—	—	10/10（※４）	
婦人保護施設	知事	都道府県立施設市町村立施設私設施設	都道府県	5/10	5/10	—	—
児童福祉施設（※３）	知事指定都市長児童相談所設置市市長	都道府県立施設市町村立施設私設施設	都道府県指定都市児童相談所設置市	1/2	1/2	—	—
母子生活支援施設助産施設	市長（※２）	都道府県立施設	都道府県	1/2	1/2	—	—
		市町村立施設私設施設	市	1/2	1/4	1/4	—
	知事指定都市市長中核市市長	都道府県立施設市町村立施設私設施設	都道府県指定都市中核市	1/2	1/2	—	—
保育所幼保連携型認定こども園小規模保育事業(所)（※６）	市町村長	私設施設	市町村	1/2	1/4（※７）	1/4	
身体障害者社会参加支援施設（※５）	知事指定都市市長中核市市長	都道府県立施設市町村立施設私設施設	都道府県指定都市中核市	5/10	5/10	—	—
	市町村長		市町村	5/10	—	5/10	

（注）
※１．母子生活支援施設、助産施設及び保育所は、児童福祉法が一部改正されたことに伴い、従来の措置（行政処分）がそれぞれ母子保護の実施、助産の実施及び保育の実施（公法上の利用契約関係）に改められた。
※２．福祉事務所を設置している町村の長を含む。福祉事務所を設置している町村の長の場合、措置費支弁者及び費用負担は町村となり、負担割合は市の場合と同じ。
※３．小規模住居型児童養育事業所（以下、「ファミリーホーム」という。）、児童自立生活援助事業所（以下、「自立援助ホーム」という。）を含み、保育所、母子生活支援施設、助産施設を除いた児童福祉施設。
※４．老人福祉施設については、平成17年度より養護老人ホーム等保護費負担金が廃止・税源移譲されたことに伴い、措置費の費用負担はすべて市町村（指定都市、中核市を含む）において行っている。
※５．改正前の身体障害者福祉法に基づく「身体障害者更生援護施設」は、障害者自立支援法の施行に伴い、平成18年10月より「身体障害者社会参加支援施設」となった。
※６．子ども子育て関連三法により、平成27年４月１日より、幼保連携型認定こども園および小規模保育事業も対象とされた。また、私立保育所を除く施設・事業に対しては利用者への施設型給付および地域型保育給付（個人給付）を法定代理受領する形に改められた。
※７．指定都市・中核市は除く。
出典：厚生労働省編『厚生労働白書 平成29年版』2017年　資料編　p.201

2　社会福祉と子ども家庭福祉の専門職

(1)　資格分類別の意味・構造

名称独占、業務独占

　名称独占とは、国家資格名称の保護を目的とした法的規制のことをいい、国家資格の根拠法に則って登録を行うことにより、資格名称の使用が認められる。この登録制度の導入に伴い、無資格者が「名称の使用制限に関する規定」に違反した場合には、根拠法の罰則規定に基づいて罰金刑が科せられる。しかし、実務面の制約はないため、無資格者がその業務（保育、相談援助、介護等）を行うこと自体は禁じられていない。

　一方で、業務独占とは、国家資格の根拠法に則って登録を受けた者だけに同法に定める業務（医療行為等）を行うことを認める法的規制のことをいう。そのため、無資格者が業務独占にかかわる業務を行うことは禁じられている。これらに違反した場合、根拠法の罰則規定に基づいて懲役・罰金刑が科せられる。

　なお「名称の使用制限」と「業務の制限」を必要とする場合には、名称独

表5-6　児童家庭福祉分野の資格構造（主なもの）

		資格の種類		資格の例
強 ↑ 公的関与 ↓ 弱	免許	名称・業務独占	（法律に基づくもの）	医師、看護師、助産師
	資格	名称独占	（法律に基づくもの）	保育士、社会福祉士、介護福祉士、精神保健福祉士
		任用資格	（法律に基づくもの）	社会福祉主事、児童福祉司、母子・父子自立支援員
		任用資格	（省令に基づくもの）	家庭支援専門相談員、児童指導員、母子支援員 児童の遊びを指導する者、児童自立支援専門員、児童生活支援員
		任用資格	（通知に基づくもの）	家庭相談員
		民間資格	（学会・業界団体等による認定資格）	
		民間資格	（企業・個人・学校が定めた資格）	

資料：西郷泰之『子どもと家庭の福祉』ヘルス・システム研究所　2004年　p.104を加筆・修正して作成

占・業務独占に関する法的規制が各々必要となる。実際に、国家資格や免許は、その業務の性格などから「名称独占のみ」あるいは「名称独占および業務独占」などを有するものなどとして法的に位置づけられている（表5－6）。

任用資格

　任用資格は、根拠法令等の規定に示されている要件を満たすことで有資格者とみなされる。主なものに社会福祉主事、児童福祉司などがある。公務員として採用された後に、特定の業務に任用される際に求められるものであり、職に就いて初めてその資格名称を名乗ることができる。

　任用資格は、特定の業務を行う際の基準づくりを背景に誕生した経緯があり、厳密には「その職を担うための基準（要件）」であるという点で、一般的な資格とは意味合いが異なる。任用資格のなかには、大学などにおいて指定された科目を修めて卒業することで取得できるものも多い。

(2)　保育士

保育士とは

　保育士に関する内容は「児童福祉法」に「保育士の名称を用いて、専門的知識及び技術をもつて、児童の保育及び児童の保護者に対する保育に関する指導」を行うことを業とする者と規定されている。加えて、その名称を用いて職務に就くには、都道府県に備える保育士登録簿に登録を行わなければならない。すなわち、保育士とは登録を受け、❶児童福祉施設（助産施設、児童家庭支援センターを除く）を利用する0歳から18歳（必要に応じて20歳）未満の児童を対象に、日常生活上の指導・支援・治療等の中核としてかかわること（児童の保育）、❷保護者との信頼関係を基に、さまざまな手段・方法により保育に関する指導等を行うこと（子育て支援）を主な職務とする。

　これらの職務を実践するために、保育士には日々の保育を展開・構成する力だけでなく、子どもの様子を的確に把握し、一人ひとりの子どもの変化に気づける観察力や洞察力が求められる。また、保護者に対する子育て支援では、ソーシャルワークやカウンセリング、ケアマネジメントの技術などを援用しながら、保育士独自の専門性に基づいた支援が期待されている。

保育士の義務等

　保育士には、「児童福祉法」において、保育士の信用を傷つけるような行為の禁止（信用失墜行為の禁止）、保育士でなくなった後も含め、正当な理由がなく、その業務に関して知り得た人の秘密開示の禁止（秘密保持義務）、保育士でない者は、保育士またはこれに紛らわしい名称を使用してはならな

い（名称の使用制限）ことが義務等として規定されている。

　信用失墜行為の禁止、秘密保持義務、名称の使用制限に違反すると、保育士の名称使用停止や罰金の措置がとられたり、保育士登録の取り消しや懲役刑に処されることもある。とりわけ、秘密保持義務違反は刑事罰の対象にもなりうるため、職務上知り得た情報の取り扱いには十分に留意しなければならない。

(3)　社会福祉士

　社会福祉士は、1987（昭和62）年制定の「社会福祉士及び介護福祉士法」で定められた名称独占の国家資格である。社会福祉士とは、登録を受け「身体上若しくは精神上の障害があること又は環境上の理由により日常生活を営むのに支障がある者」を対象に、専門的知識および技術をもって、福祉に関する相談・助言・指導や福祉サービス関係者等との連絡および調整、その他の援助（相談援助）を行うことを業とする者をいう。

　主に社会福祉施設の相談員・指導員として相談援助業務を担い、持ち込まれるさまざまな状況に対応する。具体的には、ソーシャルワークの技術を活用しながら、ニーズ・問題状況を吟味して援助目標および援助計画を設定・策定し、利用者が主体的に問題解決に向かえるように支援を展開していく。また、地域福祉や権利擁護の考えが広まってきている昨今では、地域の福祉コーディネーターやアドボケーター（権利擁護を行う人〈代弁者〉）としての役割も期待されている。

(4)　介護福祉士

　介護福祉士は、「社会福祉士及び介護福祉士法」で定められた名称独占の国家資格である。介護福祉士とは、登録を受け「身体上又は精神上の障害があることにより日常生活を営むのに支障がある者」を対象に、専門的知識および技術をもって、心身の状況に応じた介護を行い、その者およびその介護者に対して介護に関する指導を行うことを業とする者をいう。

　2011（平成23）年の法改正により、翌年4月から、介護福祉士や一定の研修を受けた介護職員などは、医療や看護との連携による安全確保が図られていることなどの条件の下に、喀痰吸引等の行為ができるようになった。「喀痰吸引等」の対象となる範囲は、痰の吸引（口腔内、鼻腔内、気管カニューレ内部）と経管栄養（胃ろうまたは腸ろう、経鼻経管栄養）であり、研修は、

「不特定多数の者に対する痰の吸引と経管栄養の全てを実施できる」ように
なる第一号研修、「その一部の特定行為を実施できる」ようになる第二号研修、
「特定の利用者に対して必要となる行為を実施できる」ようになる第三号研
修からなる。

　介護福祉士の主な職場は、訪問介護・通所介護をはじめとする居宅サービ
ス、介護老人福祉施設や介護老人保健施設等の施設サービス、障害福祉サー
ビスが展開される場であり、身体介護・生活支援を必要とする者の自立支援
を担う。

(5)　精神保健福祉士

　精神保健福祉士は、1997（平成9）年制定の「精神保健福祉士法」に定め
られた名称独占の国家資格である。精神保健福祉士とは、登録を受け「精神
科病院その他の医療施設において精神障害の医療を受け、又は精神障害者の
社会復帰の促進を図ることを目的とする施設を利用している者」を対象に、
精神障害者の保健および福祉に関する専門的知識および技術をもって、社会
復帰に関する相談・助言・指導を行うほか、日常生活への適応に必要な訓練
その他の援助（相談援助）を行うことを業とする者をいう。

　精神科を設置している医療機関や精神障害者の生活支援施設等に配置され、
精神障害によって生じる社会生活・社会関係上の問題への対応や各種公的制
度の利用・斡旋、社会資源の活用、退院支援、地域への啓蒙活動を行う等、
精神保健福祉士は福祉・医療・保健領域で活動する相談援助の専門職と位置
づけられる。

(6)　行政機関に携わる社会福祉関連の専門職

社会福祉主事

　社会福祉主事は、「社会福祉法」第18条・第19条に規定されており、福祉
事務所の現業員を指す。都道府県が設置する福祉事務所の社会福祉主事は、
生活保護法、児童福祉法、母子及び父子並びに寡婦福祉法に定める援護また
は育成の措置に関する事務を行い、市および福祉事務所を設置する町村の社
会福祉主事は、前三法に老人福祉法、身体障害者福祉法、知的障害者福祉法
を加えた福祉六法に定める援護・育成・更生の措置に関する事務を行う。

　社会福祉主事の任用は、社会福祉主事の任用要件に該当する者であり、年
齢が20歳以上で、人格が高潔で思慮が円熟し、社会福祉の増進に熱意がある

ことが条件とされている。社会福祉主事任用資格は社会福祉に関する基礎的な知識を修得してきた目安とされ、社会福祉施設の施設長や生活相談員に就く際に必要とされるほか、福祉関連の職員採用時に求められることも多い。

母子・父子自立支援員

母子・父子自立支援員は、「母子及び父子並びに寡婦福祉法」第8条に規定されており、都道府県知事等によって委嘱され、福祉事務所に配置されている。職務に相当の知識経験を有する者は常勤にできるが、原則的に非常勤での採用である。2014（平成26）年の法改正により、従来の母子自立支援員から「母子・父子自立支援員」に改称された。

職務は、❶配偶者のない者で現に児童を扶養している者および寡婦の相談に応じ、その自立に必要な情報提供や指導を行うほか、❷これらの者への職業能力の向上および求職活動に関する支援を行う。実際には、経済的自立・児童の福祉の増進を目的とした母子・父子・寡婦福祉資金貸付制度の斡旋から児童の養育・教育の相談まで、母子・父子自立支援員が担う範囲は広い。このように、母子・父子自立支援員は、母子・父子・寡婦家庭の総合的な支援を担う職種であることを鑑みると、常勤化や増員の推進が今後の課題としてあげられる。

児童福祉司

児童福祉司は、「児童福祉法第13条」に基づいて児童相談所に配置される職員である。管轄区域の人口4万人に1人以上を基本として、人口1人あたりの児童虐待相談対応件数が全国平均より多い場合には人数を上乗せして配置されている。その職務は、児童相談所長の命を受けて児童の保護・児童の福祉に関する相談に応じるほか、専門的技術に基づいて必要な指導を行うなど、児童の福祉の増進に努めることである。

各種の相談を受けて、担当区域内の児童や保護者に対する指導、措置に必要な調査や社会診断、関係機関との調整を行うが、児童の福祉に関して児童福祉司が対応する相談は、虐待・養育・非行・障害・不登校をはじめとして、その内容は多岐にわたる。このように、児童や家庭を支える専門家である児童福祉司は「施設入所等の措置対応」「各種の相談援助」の両面を担う対人援助の総合的な職種と位置づけることができる。それゆえ、対人援助に有効なソーシャルワークやカウンセリングなどの専門的な力量が不可欠といえる。これを裏づけるように、2004（平成16）年の児童福祉法の改正では、十分な知識・技術を有する者を配置する観点から、任用要件の見直しが行われた。

家庭相談員

家庭相談員は、福祉事務所の家庭児童相談室に配置される専門職である。

家庭児童相談室とは「家庭児童相談室の設置運営について」（通知）に基づき、福祉事務所の家庭児童福祉に関する相談援助・指導業務の充実・強化を目的として、地域の身近な相談機関として設置されている機関であり、児童虐待防止ネットワークの一端を担っている。

　家庭相談員の職務は「家庭児童相談室設置運営要綱」に定められ、家庭児童福祉に関する専門的技術を必要とする相談指導業務を行うことが規定されている。家庭相談員の職務は「家庭児童相談室設置運営要綱」（通知）に定められており、家庭児童福祉に関する専門的技術を必要とする相談指導業務を行うこととされている。家庭児童相談室では、福祉事務所が行う家庭児童福祉に関する業務のうち、❶性格、情緒、生活習慣等に関すること、❷学校生活等に関すること、❸非行問題に関すること、❹家庭関係に関すること等の各種相談指導業務を行っているが、これらに従事する職員として家庭相談員が置かれている。自治体によっては、必要に応じて母子・父子自立支援員の職務を兼ねることを認めているところもある。

⑺　子どもに携わる社会福祉関連の専門職

児童指導員

　児童指導員の資格は、「児童福祉法」第45条に則って策定されている「児童福祉施設の設備及び運営に関する基準」の第43条に規定されている。その配置先は保育士配置が義務づけられている児童福祉施設のうち、保育所を除いた各施設である。

　職務は、日常生活上の食事や排泄をはじめとする身の回りの生活指導、学習指導、レクリエーションやスポーツ活動をとおしてさまざまな社会生活上の規律を習得させること等、児童に対する指導全般を担う。そして、これらの指導は児童の自主性を尊重しながら展開され、基本的生活習慣を確立するとともに豊かな人間性・社会性を養い、自立を支援することを目的として行われる。

母子支援員

　母子支援員の資格は、「児童福祉施設の設備及び運営に関する基準」第28条に規定されており、母子生活支援施設において母子の生活支援を行う者と位置づけられている。

　施設を利用する母親の就労、家庭生活や児童の養育に関する相談・助言を行うとともに、家族関係の調整や関係機関との連絡調整等の職務を担う。

児童の遊びを指導する者（児童厚生員）

　児童の遊びを指導する者の資格は、「児童福祉施設の設備及び運営に関す

る基準」第38条に規定されており、児童厚生施設（児童館・児童遊園）に配置される。遊びの指導をとおして児童の自主性・社会性・創造性を高め、地域における健全育成活動の助長を図ることを目的としており、児童厚生施設において展開される図画工作・紙芝居・絵本・音楽等の催しや指導は、児童への情操教育の一翼を担う。また、職務には地域の高齢者や障害者との交流活動、子ども会等の地域組織の育成も含まれる。1998（平成10）年4月に施行された改正基準において、従来の「児童厚生員」の名称から一般的な表現の「児童の遊びを指導する者」に改められたが、知名度等の観点から旧名称を併記して用いられることも多い。

児童自立支援専門員・児童生活支援員

　児童自立支援施設において、児童の自立支援を担う者を児童自立支援専門員、児童の生活支援を行う者を児童生活支援員といい、それぞれの資格は「児童福祉施設の設備及び運営に関する基準」第82条・第83条に規定されている。また、同基準の第80条の6により、両職種の総数は通じておおむね児童4.5人につき1人以上の配置が義務づけられている。さらに、第85条には、このうち少なくとも1人を児童と起居をともにすることが定められており、小舎制のなかで児童と寝食をともにしながら、さまざまな生活・職業指導が展開されている。これらの指導は、児童がその適性と能力に応じて自立した社会人として健全な社会生活を営むことができるように支援することを目的に行われる。

家庭支援専門相談員（ファミリーソーシャルワーカー）

　家庭支援専門相談員に関する内容は、2012（平成24）年の「家庭支援専門相談員、里親支援専門相談員、心理療法担当職員、個別対応職員、職業指導員及び医療的ケアを担当する職員の配置について」に規定されている。

　近年、長期にわたって保護者から養育放棄を受けたり、基本的生活習慣が未習得である等、家庭環境から生じたさまざまな理由によって施設入所する児童の割合が増加してきている。このような状況において、児童相談所と密接な連携を図りながら入所児童の保護者に面接・指導などを行い、早期の家庭復帰や里親委託を支援するとともに、親子関係の再構築を図ることが家庭支援専門相談員の主な役割とされている。

　具体的な職務は、保護者等に対する養育相談・指導、里親希望家庭への訪問・面談、里親委託後の相談・指導、地域の子育て家庭への育児不安解消のための支援、児童相談所との連絡・調整（連携）等であり、総じて相談援助が主な内容である。

　1999（平成11）年度は乳児院に配置されたが、虐待を理由とする施設入所児童の増加等を受けて、2004（同16）年度からは乳児院、児童養護施設、情

緒障害児短期治療施設、児童自立支援施設の各施設に配置されている。

⑻　医療・介護・障害に携わる社会福祉関連の専門職

医療ソーシャルワーカー

　医療ソーシャルワーカーに関する法令上の資格規定はなく、主に医療機関や精神障害者の社会復帰施設などで働くソーシャルワーカーを指して用いられる職種名である。ソーシャルワークを基盤として、利用者やその家族が抱える経済的・心理的・社会的な問題の解決や調整を支援し、社会復帰の促進を図る相談援助の専門職と位置づけられている。

　「医療ソーシャルワーカー業務指針」（通知）によると、その職務は病院等の管理者による監督のもとに、❶療養中の心理・社会的問題の解決・調整援助、❷退院援助、❸社会復帰援助、❹受診・受療援助、❺経済的問題の解決・調整援助等を担う者とされる。そして、これらを展開していく際には、当事者の主体性や人権の尊重、医療関係者との連携の視点が不可欠である。

介護支援専門員（ケアマネジャー）

　介護支援専門員は、要介護者・要支援者からの相談に応じ、その心身の状況等に応じた居宅・施設サービスが利用できるように、市町村・介護サービス事業者等との連絡調整を行う専門職である。主な職務は、介護が必要な状態となった場合に市町村が設置する介護認定審査会に要介護認定を申請代行するほか、当事者や家族の状況をふまえた介護サービス計画の作成などを担う。

　介護支援専門員証の交付については、厚生労働省令で定める実務経験を有する者が介護支援専門員実務研修受講試験に合格した後、介護支援専門員実務研修課程を修了すると申請することができる。介護支援専門員証の有効期限は5年間であり、更新の際には更新研修を受けなければならない。

　2006（平成18）年に創設された地域包括支援センターには主任介護支援専門員（実務60か月以上の経験と研修が必要）の配置が義務づけられている。

訪問介護員（ホームヘルパー）

　訪問介護員は、食事、入浴、排泄、衣類の着脱等の身体介護や、家事行為全般の生活支援、身体等に障害がある者（児）の外出時の移動介助、介護に関する相談・助言等に携わる介護の専門職である。

【初出一覧】
■第1節　坂本真一「社会福祉の施設」橋本好市・宮田徹編『保育と社会福祉　第3版』みらい　2019年　pp.98-103

■第2節　隣谷正範「社会福祉の専門職と倫理」橋本好市・宮田徹編『保育と社会福祉
　第3版』みらい　2019年　pp.158－171

【参考文献】
福祉小六法編集委員会編『福祉小六法　2015年版』みらい　2015年
厚生労働統計協会編『国民の福祉と介護の動向　2015/2016』厚生労働統計協会　2015年
厚生労働省編『厚生労働白書　平成27年版』2015年
千葉茂明・宮田伸朗編『四訂 新・社会福祉概論─変革期の福祉をみつめて』みらい
　　2008年
中央法規出版編集部編『六訂 社会福祉用語辞典』中央法規出版　2012年
柏女霊峰・橋本真紀編著『保育相談支援』ミネルヴァ書房　2011年

第 **6** 章

社会的養護の実施体制と仕組み

1 社会的養護の体系

(1) 社会的養護体系の概要

　従来の社会的養護は、家庭で生活することが困難な状態にある子どもたち（要保護児童）を家庭から離して、国や地方公共団体の社会的責任として養育・保護（養護）することを意味していた。しかし、近年、家族規模の縮小化やひとり親家庭の増加、地域との交流の希薄化など、家庭や地域における子育て機能が脆弱化してきている。そのため、家庭での生活が困難となるような深刻な状況に陥らないための予防的支援や早期発見が求められるようになってきている。すなわち社会的養護とは、家庭における子育てと子どもの育ちを社会的に支援する、子育て・子育ち支援サービスのなかで、家庭での生活が困難となる状況（保護者の就労、子どもの疾病や障がい、虐待や非行など）が発生してしまった場合の代替的、治療的、補完的支援と発生を予防するための支援の総体である。

　社会的養護を対象となる保護が必要な児童（家庭）と支援が必要な児童（家庭）を軸に分類すると、要保護児童（家庭）を対象とした「施設養護」と「家庭養護」と、要支援児童（家庭）*1 を対象とした「在宅養護（支援）」の3つから構成されている。

　施設養護とは、児童福祉施設のうち入所型の施設において営まれる養護のことである。施設養護は、社会的養護のなかでも最も歴史の古いものであり、その代表的なものが児童養護施設である。また施設養護のなかで、家庭的な養育環境をめざす取り組みのことを家庭的養護という。一方、家庭養護は、養育者の家庭において営まれる養護のことである。また、在宅養護（支援）とは、子どもが家庭での生活を続けながら利用することができる在宅福祉サービスのことを意味している。これらの支援を社会的養護の一つと捉えることで、家庭と施設・機関との連続性をもった子どもの育ちと子育てに対す

*1　要支援児童（家庭）
家庭での養育を支援することが特に必要と認められる子どもや保護者のことで、具体的には、①育児ストレス、産後うつ状態、育児ノイローゼなどによって、子育てに対して強い不安や孤立感を抱える子どもと保護者、②食事、衣服、生活環境等について、不適切な養育状態にある家庭など、虐待のおそれやそのリスクを抱えている子どもと保護者、③児童養護施設等や里親から退所もしくは委託終了により措置解除され、家庭復帰した子どもとその保護者が該当する。

図6－1　社会的養護の体系

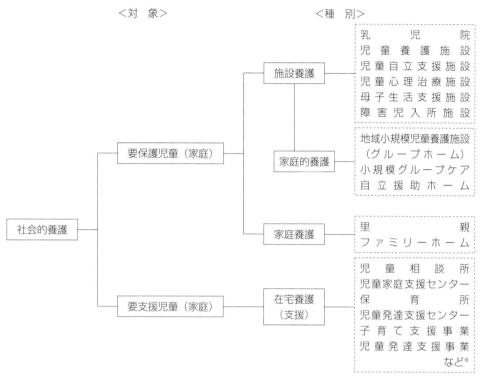

資料：小池由佳・山縣文治編著『社会的養護』ミネルヴァ書房　2014年　p.55を参考に筆者作成

る支援が展開できる。これらを体系的に図示したものが、図6－1である。

(2)　施設養護の種類

施設養護

　施設養護は、児童福祉法第7条に定められた12種類の児童福祉施設のうち、入所型施設によって実践される養育・保護（養護）のことをいう。入所型施設とは、乳児院、児童養護施設、児童自立支援施設、児童心理治療施設、母子生活支援施設および障害児入所施設である。さらに障害児入所施設は、治療や訓練、指導などの目的別に、それぞれ医療型と福祉型の2つに区分される（表6－1）。

家庭的養護

　施設養護のなかで、近年、児童養護施設等において養育環境の小規模化による養護実践として取り組まれているのが家庭的養護である。地域小規模児童養護施設（グループホーム）や小規模グループケアなどがこれにあたる。

表6−1　施設養護の種類

施設の種類		施設の目的および対象者
乳児院 (37)		乳児（保健上、安定した生活環境の確保その他の理由により特に必要のある場合には、幼児を含む。）を入院させて、これを養育し、あわせて退院した者について相談その他の援助を行う。
母子生活支援施設 (38)		配偶者のない女子又はこれに準ずる事情にある女子及びその者の監護すべき児童を入所させて、これらの者を保護するとともに、これらの者の自立の促進のためにその生活を支援し、あわせて退所した者について相談その他の援助を行う。
児童養護施設 (41)		保護者のない児童（乳児を除く。ただし、安定した生活環境の確保その他の理由により特に必要のある場合には、乳児を含む。）、虐待されている児童その他環境上養護を要する児童を入所させて、これを養護し、あわせて退所した者に対する相談その他の自立のための援助を行う。
障害児入所施設 (42)	福祉型	身体に障害のある児童、知的障害のある児童又は精神に障害のある児童（発達障害者支援法に規定する発達障害児を含む。）に対して、保護、日常生活の指導及び独立自活に必要な知識技能を付与する支援を行う。
	医療型	身体に障害のある児童、知的障害のある児童又は精神に障害のある児童（発達障害者支援法に規定する発達障害児を含む。）に対して、保護、日常生活の指導、独立自活に必要な知識技能を付与する支援及び治療を行う。
児童心理治療施設 (43の2)		家庭環境、学校における交友関係その他の環境上の理由により社会生活への適応が困難となつた児童を、短期間、入所させ、又は保護者の下から通わせて、社会生活に適応するために必要な心理に関する治療及び生活指導を主として行い、あわせて退所した者について相談その他の援助を行う。
児童自立支援施設 (44)		不良行為をなし、又はなすおそれのある児童及び家庭環境その他の環境上の理由により生活指導等を要する児童を入所させ、又は保護者の下から通わせて、個々の児童の状況に応じて必要な指導を行い、その自立を支援し、あわせて退所した者について相談その他の援助を行う。

注：カッコ内の数字は児童福祉法の条文

＊2　自立援助ホーム（児童自立生活援助事業）
1997（平成9）年に法定化され、児童福祉法第6条の3第1項で「児童自立生活援助事業」として定められた第2種社会福祉事業。義務教育を終了した20歳未満の児童であって、児童養護施設等を退所した子どもたちの経済的・社会的自立をめざすことを目的としており、共同生活をしながら、職員の支援のもと求職および就労活動を行っている。2014（平成26）年10月1日現在で、全国に118か所設置されている（厚生労働省家庭福祉課調べ）。

これらは、被虐待や発達障害などの子どもたちに対する、より個別的、治療的な養護を実践するための取り組みであり、集団的な養護の限界への挑戦ともいえるものである。

　また、義務教育終了後、児童養護施設等を退所した子どもに対して、相談および日常生活上の援助、生活指導、就労支援などを共同生活を営む住居において行う自立援助ホーム（児童自立生活援助事業）＊2も、この家庭的養護に含まれる。児童養護施設等には、退所した子どもたちに対するアフターケアも業務の一つとして位置づけられてはいるが、職員体制等の問題もあり、必ずしも十分とは言い難い現状がある。そのため、自立援助ホームの必要性とともに重要性が増してきている。

(3)　家庭養護の種類

　家庭養護は、養育者の家庭において子どもの養護を行うもので、里親やファミリーホーム（小規模住居型児童養育事業）がこれにあたる。集団生活のなかでの個別援助が中心である施設養護よりも、大人とのより緊密な関係を必要とする子どもへの援助形態として位置づけられている。

　なお、厚生労働省の「里親及びファミリーホーム養育指針」のなかで、社会的養護における家庭養護の要件として、❶一貫かつ継続した特定の養育者の確保、❷特定の養育者との生活基盤の共有、❸同居する人たちとの生活の共有、❹生活の柔軟性、❺地域社会に存在の5つを満たしていなければならないとされている。

里親

　里親制度は、家庭での養育が困難または受けられなくなった子どもに、温かい愛情と正しい理解をもった家庭環境のもとでの養育を提供する制度である。里親とは、法律上の親権を持たず、都道府県からの委託で子どもを養育する者で、児童福祉法第6条の4によって定められている。

　里親は、養育里親、専門里親、養子縁組里親、親族里親の4つに分けられる（表6−2）。それぞれの対象となる子どもや里親になるための要件および欠格事由、研修受講義務の有無、里親の登録有効期間などが定められている。

　2016（平成28）年の児童福祉法の改正では、保護者が養育できない場合は

表6−2　里親の種類

種類	養育里親	専門里親	養子縁組を希望する里親	親族里親
対象児童	要保護児童（保護者のいない児童又は保護者に監護させることが不適切であると認められる児童）	次に揚げる要保護児童のうち、都道府県知事がその養育に関し特に支援が必要と認めたもの①児童虐待等の行為により心身に有害な影響を受けた児童②非行等の問題を有する児童③身体障害、知的障害又は精神障害がある児童	要保護児童（保護者のいない児童又は保護者に監護させることが不適切であると認められる児童）	次の要件に該当する要保護児童①当該親族里親に扶養義務のある児童②児童の両親その他当該児童を現に監護する者が死亡、行方不明、拘禁、入院等の状態となったことにより、これらの者により、養育が期待できないこと

資料：厚生労働省「里親制度等について」
http://www.mhlw.go.jp/bunya/kodomo/syakaiteki_yougo/dl/19.pdf（2019/10/10 参照）

施設ではなく、里親などを優先し、特に就学前の幼い子は原則として「家庭養育」することが明記され、里親制度の拡充が取り組まれている。

ファミリーホーム（小規模住居型児童養育事業）

　家庭養護を促進することを目的に、2009（平成21）年度に創設された第2種社会福祉事業である（児童福祉法第6条の3第8項）。家庭的な養育環境を前提としつつ、子ども同士の相互作用も活かした養育が特徴であり、5人または6人の要保護児童が養育者の家庭で生活をするものである。ファミリーホームに生活の本拠を置く夫婦である2名の養育者と補助者1名以上（または養育者1名と補助者2名以上）が養育を担うこととされている。また、養育者となるには、養育里親としての経験など一定の要件がある。

　ファミリーホームの運営形態は、自営型と法人型がある。自営型とは、養育里親の経験者が行うものや施設職員の経験者が独立して行うものである。一方法人型は施設を経営する法人が、その職員を養育者および補助者として行うものである。

2　社会的養護の実施体制

(1)　相談機関と支援体制

　社会的養護は、措置機関である児童相談所を中心としつつ、市町村による子育て支援事業や地域の関係機関による支援ネットワーク（要保護児童対策地域協議会）とも一連のつながりをもつのであり、それぞれに密接な連携が必要である。

(2)　児童相談所

　児童相談所は、児童福祉法第12条に基づく18歳未満の子どもとその家庭にかかわる相談援助機関である。都道府県・政令指定都市および一部の中核市に設置されている。

　市町村が子ども家庭相談の第一義的な窓口として位置づけられていることから、現在児童相談所は虐待や非行などの要保護性の高いケースへの対応を中心として、市町村に対する後方支援的役割を担っている。

　なお、2016（平成28）年に児童福祉法および児童虐待の防止等に関する法律が改正され、児童虐待発生時の迅速かつ的確な対応を目的に特別区にも設

表 6 - 3　児童相談所が受け付ける相談の種類および主な内容

養護相談		保護者の疾病や行方不明、虐待など、<u>何らかの理由で家庭での養育が困難となった子ども</u>の養育および乳児院や児童養護施設などの児童福祉施設への<u>入所</u>に関する相談。
障害相談	肢体不自由相談	知的障害、肢体不自由、重症心身障害、自閉症などの各種の障害に関わる子どもの<u>療育</u>や保護者の<u>障害の受容</u>に関すること。障害の結果生じる子どもの<u>不適切行動</u>、各種の手当受給に際して必要な<u>手帳</u>の取得のための診察や<u>補装具の交付</u>、各種の障害児入所施設への<u>入所</u>に関することなど。
	視聴覚障害相談	
	言語発達障害等相談	
	重症心身障害相談	
	知的障害相談	
	自閉症等相談	
育成相談	性格行動相談	集団になじめない、落ち着きがない、緘黙などの<u>子どもの性格や行動</u>に関するものや<u>不登校・不当園</u>およびしつけに関する保護者の悩みなど。これらを理由にした児童福祉施設への<u>入所</u>の相談も含まれる。
	不登校相談	
	適性相談	
	育児・しつけ相談	
非行相談	ぐ犯等相談	<u>主に14歳未満</u>の子どものぐ犯行為（家出、浮浪、乱暴、<u>虚言、浪費など</u>）および触法行為に関すること。またそういった行為を原因とした児童自立支援施設などの児童福祉施設への<u>入所</u>に関するもの。
	触法行為等相談	
その他の相談		里親希望や養子縁組に関する相談や夫婦関係に関する相談など、上記のいずれにも該当しないもの。

資料：厚生労働省雇用均等・児童家庭局長通知「児童相談所運営指針の改正について」（平成28年
　　　9月29日発出）より著者作成
　　　http://www.mhlw.go.jp/file/06-Seisakujouhou-11900000-Koyoukintoujidoukatei
　　　kyoku/06_6.pdf（2017年 2 月 5 日 参照）

置できることとなった。加えて、児童心理司および医師・保健師、スーパーバイザー、弁護士の配置や強制立入調査（臨検・捜索）実施に際しての要件の緩和など、支援体制と対応権限の強化が図られた。また同改正において、里親支援、養子縁組に関する相談支援も業務として明記された。

児童相談所の相談援助活動

　児童相談所の相談援助活動の対象となる相談内容は、大別すると養護相談、障害相談、非行相談、育成相談、その他の相談に分類される（表 6 - 3）。近年、増加が著しい虐待相談は「養護相談」に含まれる。

　2015（平成27）年度の「福祉行政報告例」によると、全国の児童相談所が対応した総相談件数は、43万9,200件である。相談の内容別では、「障害相談」が18万5,283件（総相談件数の42.2%）と最も多く、次いで「養護相談」が16万2,119件（同36.9%）、「育成相談」が 4 万9,978件（同11.4%）となっている。

児童相談所の機能と役割

　児童相談所には、相談援助機能、一時保護機能、措置機能、市町村援助機

表6－4　児童相談所の機能

相談援助機能	子どもに関する家庭その他からの相談のうち、専門的な知識及び技術を必要とするものについて、必要に応じて子どもの家庭、地域状況、生活歴や発達、性格、行動等について専門的な角度から総合的に調査、診断、判定（総合診断）し、それに基づいて援助指針を定め、自ら又は関係機関等を活用し一貫した子どもの援助を行う機能（法第12条第2項）	相談受付	家庭や関係機関からの子どもに関するあらゆる問題についての相談に応じる。
		調査	子どもやその家庭が抱える問題について、必要な調査を行う。
		判定	子どもやその家庭が抱える問題について、医学的、心理学的、教育学的、社会学的および精神保健上の判定を行う。
		援助	相談を受け付けた子どもやその保護者に対して、問題解決のための援助を行う。
一時保護機能			必要に応じて子どもを家庭から離して一時保護する機能（法第12条第2項、第12条の4、第33条）
措置機能			子ども又はその保護者を児童福祉司、児童委員（主任児童委員を含む。以下同じ。）、児童家庭支援センター等に指導させ、又は子どもを児童福祉施設、指定医療機関に入所させ、又は里親等に委託する等の機能（法第26条、第27条（法第32条による都道府県知事（指定都市又は児童相談所設置市の市長を含む。）の権限の委任）
市町村援助機能			市町村による児童家庭相談への対応について、市町村相互間の連絡調整、市町村に対する情報の提供その他必要な援助を行う機能（法第12条第2項）
ネットワーク機能			① 子どもと家庭に関わる地域の各関係機関のネットワーク化を推進する。 ② 地域のおける子どもと家庭に対する相談援助活動の総合的企画およびその実施を行う。
その他の機能（民法上の権限）			親権者の親権喪失宣告の請求、未成年後見人選任及び解任の請求を家庭裁判所に対して行うことができる。（法第33条の7、第33条の8、第33条の9）

出典：厚生労働省雇用均等・児童家庭局通知「児童相談所運営指針について」より筆者作成

能、ネットワーク機能と民法上の権限といった6つの機能がある（表6－4）。これらの機能のなかで、子どもを社会的養護につなげる役割を果たす措置機能は、多種ある子どもにかかわる機関のなかで児童相談所だけが有する機能である。

　児童相談所は、ソーシャルワークを基本としながら、これらの機能を効果的に活用して、子どもへの援助を中心としつつ、その家庭への支援を展開するというファミリーソーシャルワーク実践機関としての役割を担っている。

　児童相談所による援助内容には、社会的養護へとつなぐ入所措置および委託措置（児童福祉法第27条第1項第3号）のほか、在宅指導の一つである児童福祉司指導（同法第26条第1項第2号および第27条第1項第2号）などがある。児童相談所の相談援助活動の流れと援助内容を示したものが、図6－2である。

図6－2　児童相談所における相談援助活動の体系と展開

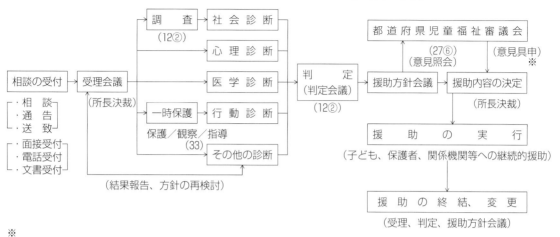

<table>
<tr><td colspan="2">援　　助</td></tr>
</table>

1　在宅指導等	2　児童福祉施設入所措置（27①Ⅲ）
（1）措置によらない指導（12②）	指定医療機関委託（27②）
ア　助言指導	3　里親、小規模住居型児童養育事業委託措置（27①Ⅲ）
イ　継続指導	4　児童自立生活援助の実施（33の6①）
ウ　他機関あっせん	5　福祉事務所送致、通知（26①Ⅲ、63の4、63の5）
（2）措置による指導	都道府県知事、市町村長報告、通知（26①Ⅳ、Ⅴ、Ⅵ、Ⅶ）
ア　児童福祉司指導（26①Ⅱ、27①Ⅱ）	
イ　児童委員指導（26①Ⅱ、27①Ⅱ）	6　家庭裁判所送致（27①Ⅳ、27の3）
ウ　児童家庭支援センター指導（26①Ⅱ、27①Ⅱ）	7　家庭裁判所への家事審判の申立て
エ　知的障害者福祉司、社会福祉主事指導（27①Ⅱ）	ア　施設入所の承認（28①②）
オ　障害児相談支援事業を行う者の指導（26①Ⅱ、27①Ⅱ）	イ　親権喪失等の審判の請求又は取り消しの請求（33の7）
カ　指導の委託（26①Ⅱ、27①Ⅱ）	ウ　後見人選任の請求（33の8）
（3）訓戒、誓約措置（27①Ⅰ）	エ　後見人解任の請求（33の9）

（数字は児童福祉法の該当条項等）

出典：表6－4に同じ。

（3）　市町村

市町村の役割

　2004（平成16）年の児童福祉法改正以降、市町村は子ども家庭相談の第一義的役割を担ってきた（児童福祉法第10条）。相談援助はもちろんのこと、子どもへの虐待に関する通告への対応（子どもの安全確認等）、児童相談所への送致、子育て支援事業の実施などを行っている。そうした子ども家庭福祉にかかわる業務を適切に行うことが、2016（平成28）年の同法の改正により、市町村の責務として明確化され（同法第3条の3）、子どもなどに対す

95

る必要な支援を行うための拠点の整備に努めることが課せられた（同法第10条の２）。また、妊娠期から子育て期までの切れ目のない支援を提供することを目的とした「子育て世代包括支援センター」の設置が求められることとなった。これらのことにより、社会的養護において、なかでも在宅養護（支援）における市町村の役割は、より重要となってきているといえる。

(4) 要保護児童対策地域協議会

要保護児童対策地域協議会は、地域の被虐待児などの要保護児童に関する関係者間の情報交換と支援に関する協議を行うことを目的に設置された機関である（児童福祉法第25条の２）。運営の中核となる調整機関を設置することや構成員[*3]に対する守秘義務が課せられている。また、2016（平成28）年の児童福祉法の改正によって、調整機関への専門職（調整担当者）の配置[*4]が義務づけられるなど、機能強化が図られた。

具体的な運営は、調整機関が中心となって、個別の事例について担当者レベルで検討する会議（個別ケース検討会議）、具体的な援助を行っている実務担当者による会議（実務者会議）、構成員の代表者による会議（代表者会議）の三層構造の会議によって展開される。

(5) 児童家庭支援センター

児童家庭支援センターは、地域密着型の相談援助活動、児童相談所からの指導委託に基づく指導、関係機関との連絡調整、市町村からの求めに応じた技術的助言、その他必要な援助を行うことなどを主な業務としている児童福祉施設である（児童福祉法第44条の２）[*5]。また、2011（平成23）年４月の設置運営要綱[*6]の改正により、里親やファミリーホームへの支援を行うことも役割に加えられた。

児童家庭支援センターの多くは児童養護施設等の施設に附置されており、施設養護の地域支援機能の一端を担っているが、一定の条件を満たした医療機関やNPO等など単独設置も可能である。在宅の要支援および要保護の子どもと家庭を支援する重要な役割を担うようになってきているといえる。

(6) 児童委員・主任児童委員

児童委員・主任児童委員は、市区町村の区域に配置され、地域の子どもた

ちが安心・安全に暮らせるよう、子どもや子育て家庭への支援活動を行う役割を担っている。児童委員のなかから、厚生労働大臣の指名を受けたのが主任児童委員である（児童福祉法第16条）。

　児童委員は、地域の子どもたちを見守るとともに、子育ての不安や妊娠中の心配ごとなどの相談に応じ、福祉事務所などの関係機関などの専門職に協力をしながら、子どもや子育て家庭が必要としている支援につなげる役割を果たしている（同法第17条）。

　主任児童委員は、市区町村や福祉事務所、児童相談所、保健所、学校などの関係機関と連絡を密にし、区域を担当する児童委員との連絡調整を行うとともに、児童委員の活動に対する援助・協力を行う（同法第17条）。

　児童委員は民生委員[*7]が兼務しており、子ども家庭福祉だけでなく、高齢者福祉や生活保護に関する事項にもかかわっている。一方、主任児童委員は、子ども家庭福祉に関する事項を担当することに専念し、担当区域をもたないこととなっている。

＊7　民生委員
厚生労働大臣から委嘱され、それぞれの市区町村の区域において、住民の立場に立って相談に応じ、必要な援助を行い、社会福祉の増進に努める役割を担っている。

3 措置制度と利用契約制度

　社会的養護を利用する場合、措置制度と利用契約制度および公的契約制度（子ども・子育て支援方式）、直接利用の4つの利用方式がある。

(1)　措置制度

　行政機関による専門的判断、すなわち児童相談所の決定によって、母子生活支援施設を除いた施設養護および家庭養護を利用する場合に採られる方式である。施設養護を利用する場合を入所措置、家庭養護を利用する場合を委託措置という。

　措置制度は、行政処分の一つであり、国および都道府県における社会福祉に関する権限の行使であり、社会的養護が公的責任のもとで実践されていることを示すものである（図6-3）。

　措置制度に基づいて、国および都道府県から施設養護を実践している児童福祉施設に支弁されるのが、措置費（児童保護措置費）[*8]である。この措置費は、事務費と事業費に大別される。同様に、家庭養護を実

＊8　措置費（児童保護措置費）
第14章p.221参照。

図6-3　措置制度

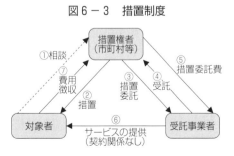

出典：橋本好市・宮田徹『保育と社会福祉（第2版）』みらい　2015年　p.75

践している養育里親および専門里親、ファミリーホームには、里親手当、生活費、教育費、医療費等が支払われる。なお、児童福祉法には、国および都道府県、市町村の負担割合が規定されている。

支払われた費用については、都道府県市町村の長および厚生労働大臣が、本人またはその扶養義務者から負担能力に応じて、その費用の全額もしくは一部を徴収することができるとされている（児童福祉法第56条）。

(2) 利用契約制度

利用契約制度には、行政との契約によるものと施設などとの直接契約によって提供されたサービス内容に応じた給付費が支払われるものがある。

行政との契約によるものは、行政への利用申請を通じて行政との契約を結ぶことによって、施設や事業によるサービスの提供を受ける制度である。母子生活支援施設、助産施設、子育て支援短期事業、一時預かり事業などを利用する場合に行われる（図6－4）。

一方、障害児施設（入所・通所）を利用する場合には、施設との直接契約によって提供されたサービス内容に応じた費用が障害児施設給付費として都道府県等から支払われる（図6－5）。ただし、虐待などがある場合は措置制度が適用される。

図6－4　行政との契約方式（母子生活支援施設、助産施設）

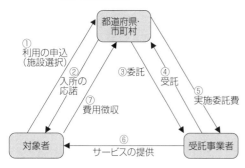

出典：図6－3に同じ

図6－5　障害児施設給付費のしくみ

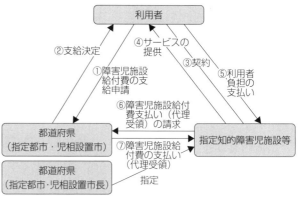

資料：厚生労働省障害保健福祉部「平成18年全国厚生労働関係部局長会議資料」障害者自立支援法施行関係：障害児施設の契約等について　2006年を一部改変

⑶　公的契約制度（子ども・子育て支援方式）

　2015（平成27）年に施行された子ども・子育て関連3法[*8]に基づく、子ども・子育て支援新制度で行われる利用方式である。施設給付型の認定こども園・認可保育所・幼稚園と地域型保育の小規模保育・家庭的保育などを利用する際に、市町村の関与のもとで、保護者が自ら利用する施設を選択し、保護者と施設が契約する。利用を希望する場合は、市町村から支給認定を受ける必要がある。なお、私立保育所を利用する場合であっても保育の費用については保護者と市町村との契約となり、利用児童の選考や保育料の徴収も市町村が行う。

【初出一覧】
■村田一昭「社会的養護の実施体制としくみの理解」大竹智・山田利子編『保育と社会的養護原理（第2版）』みらい　2017年　pp.88-102

【参考文献】
木村容子・有村大士編『子ども家庭福祉』ミネルヴァ書房　2016年
小池由佳・山縣文治編著『社会的養護（第2版）』ミネルヴァ書房　2012年
芝野松次郎・髙橋重宏・松原康雄編著『児童や家庭に対する支援と子ども家庭福祉制度』
　ミネルヴァ書房　2009年
伊達悦子・辰己隆編『保育士をめざす人の社会的養護』みらい　2012年
橋本好市・宮田徹編『保育と社会福祉（第2版）』みらい　2015年
山縣文治・林浩康編『よくわかる社会的養護（第2版）』ミネルヴァ書房　2010年
厚生労働省雇用均等・児童家庭局「児童相談所運営指針」
厚生労働省雇用均等・児童家庭局「市町村児童家庭相談援助指針」
厚生労働省雇用均等・児童家庭局「要保護児童対策地域協議会設置・運営指針」
厚生労働省・全国社会福祉協議会「障害者自立支援法のサービス利用について」（平成
　22年4月）

*8　子ども・子育て関連3法
2012（平成24）年8月に成立した「子ども・子育て支援法」「就学前の子どもに関する教育、保育等の総合的な提供の推進に関する法律の一部を改正する法律」「子ども・子育て支援法及び就学前の子どもに関する教育、保育等の総合的な推進に関する法律の一部を改正する法律の施行に伴う関係法律の整備等に関する法律」のことをいい、幼児期の学校教育・保育、地域の子ども・子育て支援を総合的に推進することを目的としている。

第 7 章

子ども家庭福祉の現状と課題

1 母子保健

(1) 母子保健の目的

わが国の母子保健は、母性の尊重と保護、乳幼児の健康保持と増進を図ることを目的としている。この場合の「母性」*1とは、母としての性質のことである。子どもが健康に生まれ、育てられる基盤となるものであり、母子保健ではそれを尊重し、保護する。そして、乳児や幼児が生まれながらにしてもっている「発達する能力」を支えていくことも、母子保健の大きな目的である。

＊1　母性
母子保健法でいう母性
という語は、医学、公
衆衛生学等の分野の概
念であって、倫理的意
味の母性とは異なる。

(2) 母子保健のサービス体系

わが国の母子保健施策は、思春期から妊娠、出産、乳幼児期を通して一貫したサービス体系である（図7-1）。出生前から乳幼児期に至るまでの健康状態は、成人になってからの健康に大きな影響を及ぼす。そのため、健康診査、保健指導、医療対策などが総合的に進められている。

(3) 健康診査（母子保健法第12条、13条）

妊産婦

妊娠経過の観察と流産・早産や妊娠中毒症などの予防に重点を置いた助言・指導が行われている。一般病院、市町村保健センターなどで行われるが、妊娠満23週までは4週間に1回、妊娠24〜35週は2週間に1回、妊娠満36週以降は1週間に1回が望ましいとされる。診査結果などは母子健康手帳に記載される。

なお、妊産婦にかかる健康診査については、2013（平成25）年度より必要

図7-1　わが国の主な母子保健対策

(2016［平成28］年3月現在)

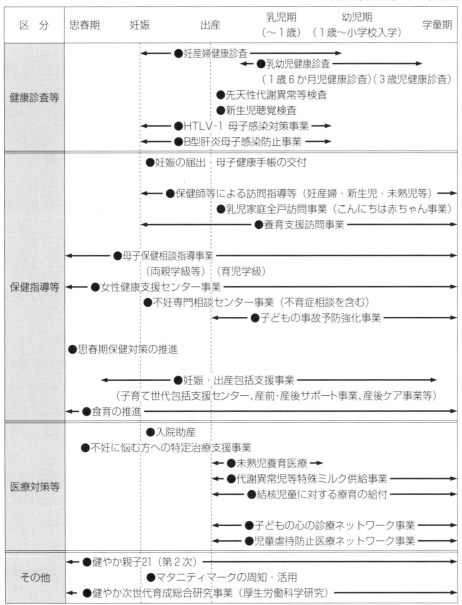

区　分	思春期	妊娠	出産	乳児期 (～1歳)	幼児期 (1歳～小学校入学)	学童期
健康診査等			●妊産婦健康診査 →			
				●乳幼児健康診査 → (1歳6か月児健康診査)(3歳児健康診査)		
			●先天性代謝異常等検査			
			●新生児聴覚検査			
		← ●HTLV-1 母子感染対策事業 →				
		← ●B型肝炎母子感染防止事業 →				
保健指導等		●妊娠の届出・母子健康手帳の交付				
		← ●保健師等による訪問指導等(妊産婦・新生児・未熟児等) →				
			●乳児家庭全戸訪問事業(こんにちは赤ちゃん事業)			
			←　●養育支援訪問事業　→			
	← ●母子保健相談指導事業 →					
	(両親学級等)　(育児学級)					
	← ●女性健康支援センター事業 →					
		●不妊専門相談センター事業(不育症相談を含む)				
			←　●子どもの事故予防強化事業　→			
	●思春期保健対策の推進					
		←　●妊娠・出産包括支援事業　→				
		(子育て世代包括支援センター、産前・産後サポート事業、産後ケア事業等)				
	← ●食育の推進					
医療対策等		●入院助産				
	●不妊に悩む方への特定治療支援事業					
			● 未熟児養育医療 →			
			●代謝異常児等特殊ミルク供給事業 →			
			●結核児童に対する療育の給付 →			
			←　●子どもの心の診療ネットワーク事業　→			
			←　●児童虐待防止医療ネットワーク事業　→			
その他	← ●健やか親子21(第2次) →					
	●マタニティマークの周知・活用					
	← ●健やか次世代育成総合研究事業(厚生労働科学研究) →					

出典：厚生労働省編『平成29年版 厚生労働白書(資料編)』日経印刷　2017年　p.192

な回数（14回）に係る検査費用について、地方財政措置がとられることとなり、すべて公費負担となっている[*2]。また、妊婦健康診査は子ども・子育て支援新制度における地域子ども・子育て支援事業に位置づけられており、その実施時期、回数及び内容等を定めているところである[*3]。

[*2]
出産費用については、2011（平成23）年4月以降、医療保険から出産一時金として原則42万円を支給している。

乳児・幼児（1歳6か月児、3歳児）

　乳幼児の心身の発育発達状況、栄養状態、視覚、聴覚、歯、言語障がい等の一般的な問診や診察を行いながら、各種の疾病や発達の遅れなどを見出して、適切な事後指導を行うことである。

　また、異常を発見するだけではなく、育児支援として、経過観察を行いつつ、子育てに悩む養育者について助言をし、子どもたちの健康レベルを向上させることが目的である。

　健康診査には一般病院での個別健診と、市区町村で行われる集団健診がある。

先天性代謝異常等検査（マス・スクリーニング検査）

　フェニールケトン尿症＊4等の先天性代謝異常および先天性甲状腺機能低下症（クレチン症）＊5は、早期に発見し早期に治療を行うことで心身障がいを予防することが可能である。そのため、生後5〜7日の新生児を対象に血液による検査が行われ、現在ほぼ100％の新生児が検査を受けている。

　また、近年では、多種類の疾患をスクリーニングできる「タンデムマス法」という新しい検査技術が導入されつつあり、小児の障がい発生予防のセーフティネットを広げている。

　異常が発見された患者は、後述する小児慢性特定疾病対策として医療費の公費負担が受けられる。

（4）　保健指導（母子保健法第10条）

　母子保健事業は、妊娠から出産、育児と一貫した適切な指導と支援が行われることが必要である。それを効果的に進めていくには、健康診査と同様に保健所と市町村の専門職が協力し、連絡調整を図ることが重要である。

集団指導

　婚前学級（思春期教室）、両親学級（パパママ教室）、育児学級など市町村で実施している＊6。

個別指導（訪問指導）

　母子保健法第13条による健康診査の結果に基づき、必要に応じて市町村の医師、助産師、保健師が訪問し、保健指導を行う。「妊産婦訪問指導」と「新生児＊7訪問指導」があり、里帰り出産などのために訪問時期が遅れることなどが問題となっている。

　なお、この訪問指導は、市町村の判断により、乳児家庭全戸訪問事業（こんにちは赤ちゃん事業）と併せて実施できる。

　一方、「未熟児訪問指導」は保健所が行う[8]。2,500g未満（低出生体重児）で誕生したときは、保護者に届出義務が課せられる。養育上必要と認められる場合は、医師、保健師、助産師等による訪問指導が行われている（同法第19条）。

（5）　医療対策等（母子保健法第20条）

未熟児養育医療

　未熟児は、呼吸障がいやミルクが十分に飲めないなどの問題を抱えることがあり、医学的に継続したケアを必要とすることが多い。そのために必要な入院治療を国または都道府県知事が指定した医療機関において行う場合に、その治療に要する医療費を公費（国や都道府県のお金）により負担する。

小児慢性特定疾病対策

　小児がん等の小児慢性疾病はその治療が長期にわたり、これを放置することは、その子どもの健全な育成を阻害することにもなりかねない。また、患者家庭における医療費負担も高額になる。そのため、小児慢性疾病のうち特定疾病について、治療研究事業を行い、その治療の確立と普及を図り、併せて患者家庭の医療費負担の軽減（自己負担分を補助）を目的として実施されている。

　対象年齢は18歳未満（引き続き治療が必要であると認められる場合は、20歳未満）である。給付対象の疾患は、①悪性新生物群、②慢性腎疾患、③慢性呼吸器疾患、④慢性心疾患、⑤内分泌疾患、⑥膠原病、⑦糖尿病、⑧先天性代謝異常、⑨血液疾患、⑩免疫疾患、⑪神経・筋疾患、⑫慢性消化器疾患、⑬染色体又は遺伝子に変化を伴う症候群、⑭皮膚疾患、⑮骨系統疾患、⑯脈管系疾患の16疾患群である[9]。

（6）　「健やか親子21」について

　「健やか親子21」は、2001（平成13）年度から開始した母子の健康水準を向上させるためのさまざまな取り組みをみんなで推進する国民運動計画である。次世代を担う子どもたちを健やかに育てるための基盤となるもので、2014（同26）年度までの第1次計画では69目標値が設定され取り組まれた。そのうち、悪化した指標は、❶十代の自殺率、❷全出生数中の低出生体重児の割合であった。

　第1次計画での取り組みや現状の課題をふまえ、2015（平成27）年度から

＊7　新生児
母子保健法において「新生児」とは、出生後28日を経過しない乳児をいう。

＊8
地域主権戦略大綱をふまえ、低体重児の届出受理（母子保健法第18条）や未熟児訪問は市町村へ権限移譲となった。2013（平成25）年4月1日施行。

＊9
2014（平成26）年5月の「難病の患者に対する医療等に関する法律」の成立にともなう児童福祉法の改正により、医療費助成の対象疾病が拡大したほか、対象となる子どもの保護者への相談支援、情報提供などを図る小児慢性特定疾病児童等自立支援事業も実施されることになった。

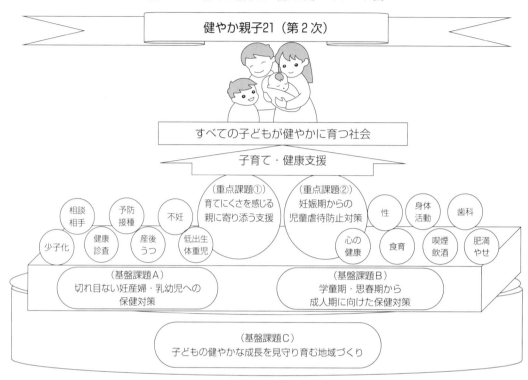

図7−2　健やか親子21（第2次）　イメージ図

健やか親子21（第2次）

すべての子どもが健やかに育つ社会

子育て・健康支援

（重点課題①）
育てにくさを感じる
親に寄り添う支援

（重点課題②）
妊娠期からの
児童虐待防止対策

相談相手　予防接種　不妊　性　身体活動　歯科

少子化　健康診査　産後うつ　低出生体重児　心の健康　食育　喫煙飲酒　肥満やせ

（基盤課題A）
切れ目ない妊産婦・乳幼児への
保健対策

（基盤課題B）
学童期・思春期から
成人期に向けた保健対策

（基盤課題C）
子どもの健やかな成長を見守り育む地域づくり

出典：厚生労働統計協会編『国民衛生の動向 2018/2019』厚生労働統計協会　2018年　p.110

　2024（同36）年度までを目標期間に新たな計画が策定、開始された。「すべ
ての子どもが健やかに育つ社会」の10年後の実現に向け、3つの基盤となる
課題と2つの重点的な課題が設定した（図7−2）。
　まず3つの基盤のうち、基盤課題Aと基盤課題Bには従来から取り組んで
きたもののうち継続的に改善が必要な課題や、少子化や家族形態の多様化等
を背景として新たに表出した課題があげられ、ライフステージを通してこれ
らの課題の解決を図ることをめざして設定された。また2つの重点課題は、
さまざまある母子保健課題のなかでも、基盤課題A〜Cでの取り組みをより
一歩進めた形で重点的に取り組む必要があるものとして設定されている。

2　子どもの健全育成

　子どもの健全育成とは、特定の子どものみではなく、すべての子どもが健
やかに育っていくための社会的支援であり、児童福祉法の第1条に国民の責

務として規定されている。健全育成の目標は、子どもの心身の健康増進を図り、知的・社会的な適応能力を高め、情操を豊かにすることであるが、その具現化には以下に述べるようにいくつかの施策がある。

⑴　児童厚生施設（児童館・児童遊園）

　児童厚生施設とは、児童福祉法第40条に規定されている児童福祉施設である。児童厚生施設には児童館と児童遊園の2種類があり、児童館では屋内、児童遊園では屋外の遊びを子どもに提供している。児童厚生施設には、「児童の遊びを指導する者」（保育士や小学校教諭・幼稚園教諭などの資格を有する者）がおり、遊びを通して子どもの心身の健康増進と豊かな情操の育成を図る支援をしている。

　児童館は、その規模や機能から、小型児童館（小地域を対象）、児童センター（小型児童館の機能に加え、運動・遊びを通して体力増進を図る。大型児童センターでは中学生・高校生に対する育成支援も行う）、大型児童館（広域を対象としA型・B型・C型）の3種類に分かれており、公設公営の施設が多い。

　児童遊園は、幼児や小学校低学年の子どもを対象とし、遊具（ブランコ、砂場、滑り台など）、広場、トイレなどの設備を備えている。

⑵　放課後児童健全育成事業（放課後児童クラブ）

　日中保護者が就労のため家にいない子ども（小学生）が、放課後や夏休みに小学校の余裕教室、児童館などで過ごすことができる事業で、一般に「学童クラブ」「学童保育」の名称で親しまれている。子ども・子育て支援新制度では、地域子ども・子育て支援事業の一つに位置づけられており、地域のニーズに合わせ設置数を増やしていくとともに、職員や施設・設備について新たな基準を設け、質の向上を図っており、対象児童も小学校6年生までとなった。

⑶　放課後子ども総合プラン（放課後子供教室・放課後児童クラブ）

　2007（平成19）年に、文部科学省と厚生労働省が連携・協力して、小学校の校庭や余裕教室、児童館・公民館を活用して、放課後や夏休みなどの期間に、すべての子ども（主に小学生）を対象に、安全・安心な居場所を提供する事業である「放課後子どもプラン」が始まった。2014（同26）年の「放課

後子ども総合プラン」は、地域の人々の参画で文化芸術活動を提供する「放課後子供教室」（文部科学省所管）と、前述の「放課後児童健全育成事業」（放課後児童クラブ：厚生労働省所管）を連携もしくは一体化した事業の計画的な整備等を進めるものであった。なお、2018（同30）年に「新・放課後子ども総合プラン」が策定され、2023年度までにすべての小学校区で両事業を一体的にまたは連携して実施し、うち小学校内で一体型として１万か所以上で実施する予定である。

(4) 地域組織活動

　地域ぐるみで子どもの健全育成を図ろうと、子ども対象の組織である「子ども会」や保護者を対象とする「母親クラブ」が地域住民により組織され、活動を続けている。「子ども会」は地域の町内会や自治会と連携して、大人が子どもに遊びの場を提供したり、異年齢の子どもが交流するなどの場となっている。「母親クラブ」では、地域の住民が児童館や公民館などを拠点として、子育てや家庭、地域の生活課題などについて研修を受けたり、意見を交換し合うなどして親睦を図っている。

(5) 優良な児童福祉文化財の推薦

　社会保障審議会（以前は中央児童福祉審議会）では、「子どもたちに優れた文化財を提供すること」を目的に、出版物、演劇、映像・メディア等の推薦を行っている（児童福祉法第８条第７項）。

3 子ども虐待

(1) 子ども虐待の分類

　「児童虐待の防止等に関する法律」第２条では、児童虐待を、身体的虐待、性的虐待、ネグレクト、心理的虐待の４つに分類し定義している。具体的な行為としては、以下のようなものがあげられる。
① 身体的虐待
　首を絞める、殴る、蹴る、投げ落とす、激しく揺さぶる、熱湯をかける、布団蒸しにする、溺れさせる、逆さ吊りにする、異物を飲ませる、意図的に

子どもを病気にさせる、など

② 性的虐待

　性的行為を強要する、性器や性交を見せる、ポルノグラフィーの被写体などに子どもを強要する、など

③ ネグレクト

　家に閉じ込める、病院に連れて行かない、乳幼児を家に残したまま度々外出する、乳幼児を車に放置する、食事を与えない、下着など長期間不潔なままにする、同居人等による虐待行為を放置する、などの保護者としての責任を果たさない行為、など

④ 心理的虐待

　言葉による脅かし・脅迫、無視、拒否的な態度、子どもの心を傷つける言動、他のきょうだいとは著しく差別的な扱いをする、配偶者やその他の家族などに対し暴力をふるう、など

(2)　子ども虐待の実態

　厚生労働省の「平成29年度福祉行政報告例」によると、児童相談所における児童虐待相談の対応件数は13万3,778件であり年々増加している。虐待の種類別の内訳は、身体的虐待3万3,223件、性的虐待1,537件、ネグレクト2万6,821件、心理的虐待7万2,197件となっている。また、主な虐待者の割合は、実母46.9％、実父40.7％、実父以外の父親6.1％、実母以外の母親0.6％、その他5.7％であり、虐待を受けた子どもの年齢別の割合は、7～12歳33.3％、3～6歳25.5％、0～2歳20.2％、13～15歳14.0％、16～18歳7.1％の順となっている。

(3)　子ども虐待への対応

地域における子ども虐待防止のシステム

　子ども虐待への対応は、児童福祉法や児童虐待の防止等に関する法律に基づいて行われる。児童虐待防止対策として、❶虐待の「発生予防」、❷虐待の「早期発見・早期対応」、❸虐待を受けた子どもの「保護・自立支援」に至るまでの総合的な支援体制の整備・充実に向けての取り組みが進められている。

児童相談所

　児童相談所は、虐待が疑われたり発生した際の相談・通告先となっている。

通告を受理した児童相談所では、緊急受理会議により対応が開始される。子どもの安全確認、調査（任意調査、立入調査）、判定を経て援助方針が決定される。また、調査の結果、緊急に子どもを保護する必要があると判断された場合は、一時保護が行われる。援助としては、在宅指導、児童福祉施設入所や里親委託などが行われ、場合によっては、家庭裁判所に対して、親権喪失の審判の請求を行うことができる。

市町村の役割

従来の子ども虐待防止対策は、児童相談所のみで対応する仕組みであったが、2004（平成16）年の児童虐待の防止等に関する法律の改正により市町村も虐待の相談・通告先となった。市町村により名称は異なるが、「家庭児童相談室」「子ども家庭支援センター」などが対応している。

要保護児童対策地域協議会（子どもを守る地域ネットワーク）

2000（平成12）年度に、市町村域において、保健、医療、福祉、教育、司法、警察などの関係機関や関係団体が子ども虐待を防止するために必要な情報交換を行い、子どもやその保護者などを支援するための「児童虐待防止市町村ネットワーク事業」が創設された。2004（同16）年の児童福祉法改正では、そのネットワークが「要保護児童対策地域協議会」として法定化され、各市町村による設置およびその機能の強化が進められている。

虐待を受けた子どもの保護・自立支援

「児童虐待の防止等に関する法律」により、国と地方公共団体は、居住の場所の確保、進学や就業の支援その他の虐待を受けた子どもの自立に向けた施策を行う。保護・自立支援に対する取り組みとしては、家庭的環境での養護を促進するための里親制度の拡充、児童養護施設等の小規模ケアの推進、年長児の自立支援策の拡充などが進められている。

子ども虐待の発生予防の取り組み

虐待の発生予防の取り組みとしては、2004（平成16）年から毎年11月に行われている「児童虐待防止推進月間」や、民間団体が中心となって実施している「オレンジリボンキャンペーン」などの広報・啓発活動に加え、地域から孤立し、子育てに対するストレスを感じている親に対する子育て支援という観点からの取り組みも重要である。そのための施策としては、「乳児家庭全戸訪問事業（こんにちは赤ちゃん事業）」「養育支援訪問事業」「地域子育て支援拠点事業」の推進が位置づけられている。

(4)　子ども虐待と児童福祉施設

保育所の役割

　保育所は日々の子どもの状態を観察することで、虐待を発見しやすい立場にあり、虐待の早期発見や対応において重要な役割を担う。保育所保育指針にも、不適切な養育や虐待が疑われる場合の関係機関との連携や対応についての記載がされている。

　虐待を受けている子どもや虐待を行っている大人には、不自然な傷やあざ、説明、表情、行動などがみられるので、保育者はこのような状態に気づいたときには上司等へ報告し対応する。なお、児童虐待の防止等に関する法律では、保育所等の児童福祉施設の職員には児童虐待への早期発見に努めるよう求めているほか（第５条）、「児童虐待を受けたと思われる児童を発見した者」と、疑いのある場合でも、速やかに児童相談所等に通告するよう定めている（第６条）。

被措置児童等虐待

　2008（平成20）年度の児童福祉法の改正により、被措置児童（里親に委託された児童や児童福祉施設に入所する児童、一時保護施設に保護された児童のことなどを指す）等の虐待の防止に関する事項が盛り込まれ、2009（同21）年には厚生労働省により被措置児童等虐待対応ガイドラインが策定された。それらにより、里親や児童福祉施設職員などによる虐待への対応や、被措置児童の権利擁護の仕組みが制度化された。

4　DV（ドメスティック・バイオレンス）

(1)　DVの現状

DVとは

　DV（ドメスティック・バイオレンス）は、夫婦や恋人などの間で行われる暴力のことを指すことが多い。DVには殴る、蹴るといった身体的暴力だけでなく、心ない言動で相手の心を傷つける精神的暴力や、嫌がっているのに性的行為を強要する、中絶を強要する、避妊に協力しないなどの性的暴力が含まれる。また、経済的暴力（生活費を渡さない、経済的な自由を与えない、外で働くことを禁止するなど）、社会的暴力（人間関係・行動を監視する、実家や友人との付き合いを制限する、電話や手紙を細かくチェックするな

ど）、子どもを利用した暴力（子どもへの加害をほのめかす、子どもに被害者が悪いと思わせるなど）もDVである。

DVの実態および背景

2017（平成29）年度の配偶者暴力相談支援センターにおける相談件数は10万6,110件である。また、同年度の警察における配偶者からの暴力事案等の認知件数は7万2,455件であり、どちらも年々増加している。

DVの背景には、暴力を容認しがちな社会風潮、女性を男性より低くみる意識、男女の固定的な役割分担意識、経済力の格差などの社会構造による影響がある。

DVの影響

DVの被害者は、暴力によるケガなどの身体的な影響だけでなく、PTSD（心的外傷後ストレス障害）などの精神的な影響を受けることもある。

DVの被害者が加害者から逃げない、逃げられない理由としては、日常的な暴力から受ける恐怖感・無力感のほか、「暴力をふるうほどに自分を愛してくれている」「いつか変わってくれる」といった被害者であることを自覚できない複雑な心理、経済的な理由、子どもの就学問題、現住居から逃げることで仕事や地域とのかかわりを失うおそれなどがあげられる。

DVによる子どもへの影響

2004（平成16）年の「児童虐待の防止等に関する法律」の改正により、子どもがDVを目撃することは、心理的虐待にあたることが明確化された。暴力を目撃することで、子どもの心を傷つけ、さまざまな心身の症状が現れることがある。また、暴力を目撃しながら育った子どもは、自分が育った家庭での人間関係のパターンから、感情表現や問題解決の手段として暴力を用いることを学習する場合がある。DVが行われている家庭では、身体的虐待などの児童虐待が行われている場合も多い。

(2) DVへの対応

DV防止法

日本では、「配偶者からの暴力の防止及び被害者の保護等に関する法律」（以下、「DV防止法」）により、配偶者（事実婚や元配偶者も含む）による暴力への対策が整備されている。

配偶者暴力相談支援センター

DV防止法に基づく機関であり、都道府県が設置する婦人相談所その他の適切な施設がその機能を果たしている。主に相談やカウンセリング、緊急時

における安全の確保などの業務を行っている。

DV被害者への支援

　2015（平成27）年 1 月に発表された「児童養護施設入所児童等調査結果」によると、児童福祉施設の一つである母子生活支援施設への入所理由として、配偶者からの暴力が45.7％と一番多くなっている（2013〈同25〉年 2 月 1 日現在）。

5　社会的養護

(1)　社会的養護の状況

施設養護中心の社会的養護の状況と「少子化社会対策大綱」での目標

　2007（平成19）年度末頃までの状況として、要保護児童のうち 9 割以上が施設養護と施設中心の社会的養護であったため、2009（同21）年12月に国連・子どもの権利委員会から勧告を受け、国は「子ども・子育てビジョン」（2010〈同20〉年）で社会的養護の充実を図るとした。その一つに家庭的養護をあげ、2014（同26）年度までの目標値として家庭養護の割合（里親等委託率）を16％と掲げ達成した。子ども・子育てビジョンに続く、2015（同27）年度から2019（同31）年度までの「少子化社会対策大綱」でも里親等委託率の目標を22％とするなど、引き続き社会的養護の充実を図るとしている。

被虐待児童、障害のある要保護児童の増加

　厚生労働省が実施する「児童養護施設入所児童等調査」（平成25年 2 月 1 日現在）の「養護問題発生理由」から社会的養護が必要となる状況をみてみる（表 7 - 1 ）。

　発生理由のなかで一般的に虐待といわれる「放任・怠だ」「虐待・酷使」「棄児」「養育拒否」の合計（★の合計）から、社会的養護の背景には虐待によるものの割合が大きいことがわかる。また、発生理由とは別に、子どもの虐待体験の有無をみると、児童養護施設入所児童では、虐待経験のある子どもが約 6 割にのぼる（表 7 - 2 ）。虐待の内容ではネグレクトによるものが多く、里親委託児童、児童養護施設入所児童は 6 割、乳児院入所児童は 7 割を超えている。また、同調査によると、心身の障害がある子どもの割合は、乳児院入所児童では28.2％、児童養護施設入所児童では28.5％、里親委託児童では20.6％である。

　このように、近年、虐待による入所理由や知的障害・発達障害等の障害の

表7－1　養護問題発生理由別児童数

	児童数（人）			構成割合（%）		
	里親委託児童	児童養護施設入所児童	乳児院入所児童	里親委託児童	児童養護施設入所児童	乳児院入所児童
総　数	4,534	29,979	3,147	100.0	100.0	100.0
父の死亡	113	142	2	2.5	0.5	0.1
母の死亡	403	521	24	8.9	1.7	0.8
父の行方不明	99	141	4	2.2	0.5	0.1
母の行方不明	388	1,138	79	8.6	3.8	2.5
父母の離婚	97	872	56	2.1	2.9	1.8
両親の未婚	－	－	195	－	－	6.2
父母の不和	18	233	41	0.4	0.8	1.3
父の拘禁	47	419	18	1.0	1.4	0.6
母の拘禁	130	1,037	121	2.9	3.5	3.8
父の入院	27	180	7	0.6	0.6	0.2
母の入院	131	1,124	96	2.9	3.7	3.1
家族の疾病の付添	－	－	11	－	－	0.3
次子出産	－	－	19	－	－	0.6
父の就労	44	963	11	1.0	3.2	0.3
母の就労	109	767	123	2.4	2.6	3.9
父の精神疾患等	16	178	13	0.4	0.6	0.2
母の精神疾患等	356	3,519	686	7.9	11.7	21.8
★父の放任・怠だ	46	537	9	1.0	1.8	0.3
★母の放任・怠だ	431	3,878	340	9.5	12.9	10.8
★父の虐待・酷使	124	2,183	82	2.7	7.3	2.6
★母の虐待・酷使	249	3,228	186	5.5	10.8	5.9
★棄児	94	124	18	2.1	0.4	0.6
★養育拒否	750	1,427	217	16.5	4.8	6.9
（★の合計）	(1,694)	(11,377)	(852)	(37.3)	(38.0)	(27.1)
破産等の経済的理由	249	1,762	146	5.5	5.9	4.6
児童の問題による監護困難	69	1,130	19	1.5	3.8	0.6
その他	392	3,619	547	8.6	12.1	17.4
不詳	152	857	77	3.4	2.9	2.4

資料：厚生労働省「児童養護施設入所児童等調査結果」（平成25年2月1日現在）を基に筆者作成

表7－2　被虐待経験の有無

	総数	虐待経験あり	虐待経験なし
里親委託児童	4,534人	1,409人	2,798人
	100.0%	31.1%	61.7%
児童養護施設入所児童	29,979人	17,850人	10,610人
	100.0%	59.5%	35.4%
乳児院入所児童	3,147人	1,117人	1,942人
	100.0%	35.5%	61.7%

注）総数には不詳を含む。

資料：表7－1と同じ

ある要保護児童の割合は増加傾向を示している。

(2)　社会的養護で求められているもの

　現状からは社会的養護には親の役割の代替機能を果たすだけではなく、要保護児童の親や家族とともにその子どもの養育を担う役割があるといえる。では、その役割を果たすために求められているものを考えてみよう。

安心できる生活の場の提供

　「子どもの最善の利益」のために、子どもに安心できる環境を提供することが第一に求められる。しかし、要保護児童にとってはそれまで生活していた場所と人との別れを体験したうえでの新たな生活であるため、安心できる環境で安定した生活を築くことは容易ではなく、時間のかかるものである。不適切な養育環境や人間関係にいた子どものなかには、感情表現が苦手な場合や、大人不信から信頼関係が結びにくい、また、特定の大人との愛着関係の乏しさから基本的信頼関係の形成が困難な場合などがみられる。そのため、社会的養護では子どもが安心できる生活の場を提供し、安定した生活を営めるようにすること、当たり前の生活を保障すること、子どもとの信頼関係を築くこと、愛着関係を再構築すること、子どもの自己肯定感（自尊心）を育むことなどが求められている。

　また、知的障害、広汎性発達障害等の子どもが増えていることから、特別な配慮や専門的、心理的ケアも必要とされてきている。

家族への支援（ファミリーソーシャルワーク）

　児童養護施設や乳児院に入所している子どもの多くに保護者が存在しており、保護者との交流をもっている子どもも少なくない。そのため、保護者のもとで生活できない子どもへのケアだけでなく、その子どもと家族の関係を調整し、保護者が抱える生活課題や養育上の課題の軽減・解決に向けて支援することも重要である。このような家族への支援を行うのが、施設に配置された「家庭支援専門員」（ファミリーソーシャルワーカー）である。

　いったんバラバラになってしまった家族が、その絆を取り戻す作業を「家族再統合」といい、社会的養護には子どもの保護だけでなく、「家族再統合」を支援することも求められている。

自立支援

　自立支援は、自立した社会人としての生活を営むことができるように育み、支援することである。それは、子どもが基本的生活習慣、社会生活技術、就労習慣、社会現範等を身につけ、総合的な生活力を身につけることである。

その基盤となるものは子ども自身の基本的信頼感や自己肯定感であり、自立支援は子どもの入所時点から始まる職員のかかわりでもある。また、施設退所後にも必要に応じた相談支援（アフターケア）の充実が求められている。

(3) 社会的養護の充実に向けて

里親委託の推進と施設の小規模化等

　厚生労働省の「社会的養護の課題と将来像」（2011〈平成23〉年7月）では、社会的養護の方向性として、❶虐待された子どもや障害のある子どもの増加に対応した専門的なケアの充実、❷可能な限り家庭的な環境、安定した人間関係のもとで養育できるように、里親やファミリーホームへの委託を推進し、施設養護の子どもも家庭的養護環境の形態（小規模化、地域分散化）に変えていく必要性、❸自立支援施策の推進、❹児童養護施設等の施設機能を活かし、地域の里親支援やショートステイとして地域の子どもの養育を短期間担うことなど、施設が地域の社会的養護、子育て支援の拠点として家族支援と地域支援の充実を図ること等を示し、その後の改革を進めている。

　2011（平成23）年度に児童養護施設等への家庭支援専門相談員（ファミリーソーシャルワーカー）、心理療法担当職員等の配置が義務化され、2014（同24）年度には施設の第三者評価が義務となった。

　「社会的養護の課題と将来像の実現に向けて」（2015〈平成27〉年11月）では、親子関係再構築や自立支援の充実、子どもの権利擁護の推進等をあげている。施設の小規模化と里親委託の推進では、家庭養護、家庭的養護、小規模ケアを行う施設養護の割合を3分の1ずつにするとしている。

児童福祉法改正と「新しい社会的養育ビジョン」

　2016（平成28）年に児童福祉法が改正され、理念として子どもが権利の主体であることを明確にした（法第1条）。また、法第3条の2では「児童が家庭において心身ともに健やかに養育されるよう、児童の保護者を支援しなければならない」とし、要保護児童に対して「家庭における養育環境と同様の養育環境において継続的に養育されるよう」また、「できる限り良好な家庭的環境において養育されるよう、必要な措置を講じなければならない」と子どもの家庭養育が優先されること（家庭養育優先原則）を規定している。

　この改正児童福祉法の理念を具体化するための取り組み工程が、「社会的養護の課題と将来像」を見直した「新しい社会的養育ビジョン」（2017［平成29］年8月）である。子どもの最善の利益の実現に向け、子どもの年齢やニーズを考慮した「家庭養育優先原則」の徹底、施設養護の小規模化・地域

分散化・高機能化等を示し、里親委託率の目標値を未就学児はおおむね 7 年以内（ 3 歳未満はおおむね 5 年以内）に75％以上、学童期以降の子どもはおおむね10年以内に50％以上とするとしている。

里親委託ガイドライン

　関係機関が協働し、里親委託の推進がさらに図られることを目的として、2011（平成23）年に厚生労働省より出された。このガイドラインでは里親委託優先の原則をはじめ、委託対象の子ども、里親委託に対して保護者の理解を得ること、里親支援のあり方等が示されている。

子供の貧困対策に関する大綱（2014［平成26］年 8 月、閣議決定）

　「全ての子供たちが夢と希望を持って成長していける社会の実現を目指して」を目的とした「子供の貧困対策に関する大綱」においても*10、子どもの生活支援として児童養護施設退所児童へのアフターケアの充実等、社会的養護に関する施策の充実が盛り込まれている。

*10
子どもの貧困対策の推進に関する法律に基づき定められる大綱である。

6　障害のある子どもへの対応

(1)　障害のある子どもの現状

障害児の定義

　障害児とは、児童福祉法第 4 条第 2 項において「身体に障害のある児童、知的障害のある児童、精神に障害のある児童（発達障害者支援法第 2 条第 2 項に規定する発達障害児を含む。）又は治療方法が確立していない疾病その他の特殊の疾病であつて障害者の日常生活及び社会生活を総合的に支援するための法律第 4 条第 1 項の政令で定めるものによる障害の程度が同項の厚生労働大臣が定める程度である児童」と定めている。なお、児童福祉法第 7 条第 2 項においては、「重度の知的障害及び重度の肢体不自由が重複している児童」を重症心身障害児と定義している。

身体障害児

　身体障害児とは、児童福祉法第 4 条第 2 項に規定されている「身体に障害のある児童」で、身体障害者福祉法第15条に規定される身体障害者手帳の交付を受けた者をいう。

　身体障害者手帳の対象となる障害は、視覚障害、聴覚・言語障害、肢体不自由、内部障害であり、 1 級から 7 級までの障害程度に区分されている。

　厚生労働省「平成28年生活のしづらさなどに関する調査」によると、身体

障害児（在宅）の総数は6万8,000人と推計されており、障害の程度別にみると、1級・2級の身体障害児が全体の6割強を占めている。

知的障害児

知的障害児の法的な定義はないが、厚生労働省「平成17年度知的障害児（者）基礎調査」では、知的障害児とは「知的機能の障害が発達期（おおむね18歳まで）にあらわれ、日常生活に支障が生じているため、何らかの特別の援助を必要とする状態にあるもの」とされている。一般的に知的障害は、IQ（知能指数）によって、軽度、中度、重度、最重度に分けられる。

「平成28年生活のしづらさなどに関する調査」によると、療育手帳所持者の知的障害児（在宅）の総数は、21万4,000人と推計されている。なお、施設に入所する知的障害児は7,000人と推計されている。

発達障害児

発達障害者支援法第2条によると、発達障害は、「自閉症、アスペルガー症候群その他の広汎性発達障害、学習障害、注意欠陥多動性障害その他これに類する脳機能の障害であってその症状が通常低年齢において発現するものとして政令で定めるもの」とされている。

2012（平成24）年に文部科学省が行った調査では、知的発達に遅れはないものの「学習面又は行動面で著しい困難を示す」児童生徒が6.5%であったと報告している。

発達障害は、その症状が見えにくく、わかりにくい障害のために、早期に的確な診断や療育を受けることが困難な場合が多い。そのため、保育や学校の場で問題が表面化するケースが目立っている。

(2)　障害のある子どもへの対応

早期発見

障害の早期発見に関しては、母子保健施策の一環として、乳幼児健康診査、新生児聴覚検査、先天性代謝異常等検査、助産師や保健師の家庭訪問による未熟児訪問指導などが実施されている。

早期療育

障害に対する早期療育に関しては、母子保健法で規定している未熟児養育医療や小児慢性特定疾病対策が行われている。

障害者総合支援法に基づくサービス

障害者総合支援法に基づくサービスは、大きく分けて、自立した日常生活を送ることができるよう提供される「自立支援給付」と、地域の実情に応じ

図 7 - 3　障害者総合支援法によるサービス

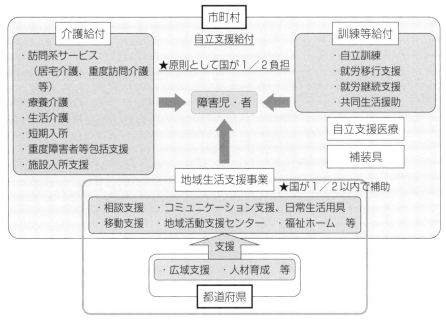

資料：厚生労働省「地域社会における共生の実現に向けて新たな障害保健福祉施策を講
ずるための関係法律の整備に関する法律について」2013年

　て柔軟に実施される「地域生活支援事業」がある（図 7 - 3 ）。
　　福祉サービスを利用する場合は、障害児の保護者が市町村に支給申請を行
い、認定を受ける必要がある。支給が決定されたのち、サービス提供事業者
と契約を結ぶと利用開始となる。
　　障害児に対する事業・施設サービスについては、2010（平成22）年の障害
者自立支援法（2013〈同25〉年に障害者総合支援法に改題）、児童福祉法の
改正に伴い、児童福祉法に根拠規定が一本化された。これまで知的障害児施
設、知的障害児通園施設、盲ろうあ児施設、肢体不自由児施設、重症心身障
害児施設等として、障害種別ごとに分かれていた施設体系が、障害児支援の
強化を図るため、通所による支援を行う「児童発達支援センター」と、入所
による支援を行う「障害児入所施設」とに一元化された。

障害児通所支援

　　障害児通所支援とは、「児童発達支援」「医療型児童発達支援」「放課後等
デイサービス」「居宅訪問型児童発達支援」「保育所等訪問支援」のことをい
う。
　　「児童発達支援」とは、障害児を児童発達支援センターなどに通わせ、日
常生活における基本的な動作の指導、知識技能の付与、集団生活への適応訓

練等を提供することをいう。

「医療型児童発達支援」とは、上肢、下肢または体幹機能の障害のある子どもについて、医療型児童発達支援センターなどに通わせ、児童発達支援および治療を行うことをいう。

「放課後等デイサービス」とは、学校教育法第1条に規定する学校（幼稚園、大学を除く）に就学している障害児について、授業の終了後や休日に児童発達支援センターなどに通わせ、生活能力の向上のために必要な訓練、社会との交流の促進等を提供することをいう。

「居宅訪問型児童発達支援」とは、重度の障がいの状態等により、児童発達支援、医療型児童発達支援、放課後等デイサービスを受けるための外出が難しい子どもの居宅を訪問し、日常生活における基本的な動作の指導、知識技能の付与、生活能力の向上のために必要な訓練等を行う。

「保育所等訪問支援」とは、保育所や幼稚園等の集団生活を営む施設に通う障害児について、障害児以外の児童との集団生活に適応するための支援などが必要な場合に、専門的な支援を提供することをいう。

障害児入所支援

障害児入所支援には「福祉型」と「医療型」があり、福祉型は、入所児童の保護、日常生活の指導および必要な知識技能が提供され、医療型は、入所児童の保護、日常生活の指導、必要な知識技能および治療が提供される。

7 少年非行

(1) 非行少年保護にかかわる法制度

児童福祉法と少年法

非行少年とは、一般的には、法律や社会倫理的な規範に照らして、社会ルールを大きく逸脱した行為を行う少年のことをいうが、専門的には児童福祉法と少年法という2つの法律により、年齢や非行の程度等を考慮したさまざまな対応がなされる。

児童福祉法における非行児童は、「要保護児童」の一つとして位置づけられている。非行児童保護を目的とする児童福祉施設としては、児童福祉法に規定されている「児童自立支援施設」がある。

少年法における非行とは、14歳以上20歳未満の少年による犯罪行為[*11]、14歳未満の少年による触法行為[*12]、20歳未満のすべての少年による虞犯行

*11 犯罪行為
14歳以上20歳未満の少年が刑罰法令に違反する行為をすることをいう。

*12 触法行為
14歳未満の少年が刑罰法令に触れる行為をすることをいう。

為*13の総称である。

少年法第 3 条第 2 項および児童福祉法第25条の規定により、罪を犯した14歳以上の少年は家庭裁判所に通告される。14歳未満の場合は犯罪とはいわず「触法」として、児童相談所に通告される。

少年法の改正と触法少年による凶悪事件

2000（平成12）年に少年法が改正され、少年への厳罰化がなされた。具体的には、14歳以上であれば刑事処分を可能とした（少年法第20条第 1 項）ことや16歳以上の少年が故意の犯罪行為により人を死亡させた場合には、検察官送致を原則とした（同法第20条第 2 項）ことなどがあげられる。さらに、2007（同19）年の改正では、少年院の収容対象年齢が14歳以上から「おおむね12歳」へと引き下げられ、小学生でも少年院に送致される可能性が出てきた。

これらの改正の背景には、1997（平成 9 ）年の神戸連続児童殺傷事件*14や2004（同16）年の長崎県佐世保市における女子児童殺害事件*15など、14歳未満の触法少年の殺人事件が続けて発生し、少年犯罪の「凶悪化」「低年齢化」が強く印象づけられたことが影響したものと考えられる。

（2）　非行の要因と背景

経済的要因と家庭環境（子ども虐待）

少年非行の背景には、いくつかの要因が考えられるが、これまでの調査からわかっていることは、経済的な状況を含めた生活基盤の弱さや児童虐待をはじめとする家族関係の問題が大きいということである。

法務省が公表している「少年矯正統計」によると、全国の少年院生のうち、2 〜 3 割は貧困な生活環境にある。経済的な生活基盤の弱さに加え、親の病気や入院、死亡などの生活課題が重複したとき、子どもへの虐待が発生したり、非行につながりやすいことは、少年院の調査などで示唆されている。

また、国立武蔵野学院が2000（平成12）年に全国の児童自立支援施設を対象に行った「児童自立支援施設入所児童の被虐待経験に関する研究」によると、59.1％の入所児童に虐待を受けた経験があったという結果が出ている。さらに、2001（同13）年に法務総合研究所が行った少年院に在院している少年への「児童虐待に関する研究」によると、男子の49.6％、女子の57.1％が親からの虐待を繰り返し受けた経験があると報告している。

下記の事例は、家庭で親から虐待を受けていたことが、少年の非行的な行動に影響を与えた事例である。ただし、非行の要因に被虐待経験がある可能性が示されたとしても、すべての虐待を受けた子どもが非行に走るわけではない。

*13　虞犯行為
20歳未満の少年が、保護者の正当な監督に服さない、家庭に寄りつかない、犯罪性のある者や不道徳な者と交際し、またはいかがわしい場所に出入りする、自己または他人の徳性を害するなどの性癖を有する等、将来罪を犯し、または刑罰法令に触れる可能性のある行為をすることをいう。

*14　神戸連続児童殺傷事件
1997（平成 9 ）年、兵庫県神戸市で、当時中学 2 年生の少年が児童 2 名を殺害した事件。

*15　佐世保小 6 女児同級生殺害事件
2004（平成16）年、長崎県佐世保市の小学校で、 6 年生の女子児童が同級生の女児にカッターナイフで切り付けられ、死亡した事件。

事　例　ある非行児童

　　A男は小学校低学年の頃から家の金銭を持ち出すようになり、やがて万引きや火遊び・年少の子どもへの暴力も伴うようになっていった。

　　A男の両親は、暴力をふるう父親のもとで育ち、若くして結婚した。父は家族への愛情はあるが短気で、A男や母親に暴力をふるい、母親はその父を怖れて逆らえず、A男に対しては大人を相手にするような頼り方をし、A男が自分の期待どおりにならないと激しく叱責をするような状況であった。A男はこうした生活のなかで安心と満足を得られず、問題行動を起こしていたのである。A男の問題行動に対し、父は罰として暴力をふるうという悪循環に陥っていた。

　　小学校4年生のとき、些細なことで父に殴られ顔を腫らして登校したところ、以前から父の暴力を問題視していた学校が児童相談所に通告し、A男は学校から直接一時保護されることになった。

出典：上里一郎監修　影山任佐編『シリーズ　こころとからだの処方箋　11．非
　　　行―彷徨する若者、生の再構築に向けて―』ゆまに書房　2007年　pp.144 -
　　　145を一部改変

障害やいじめ（中傷）の影響

　　非行傾向を呈する少年のなかには、知的障害や発達障害のある少年がいることが指摘されている（下記、少女の事例参照）。その数は決して多くはないが、適切な時期に適切な保護や教育を受けることができないまま成長したため、非行につながったとみられるケースである。

　　障害自体が非行に結びつくものではないが、周囲からの障害に対する正しい理解が不足している場合、障害のある少年たちは、成長するにつれて疎外感や孤独感を強めている可能性があるため、早期からの適切な支援が求められる。

　　また、障害だけではなく、いじめ（中傷）による心の傷の深さや心の歪みが原因で少年非行に走るケースがある。2004（平成16）年に長崎県佐世保市で起こった小学校6年生女子児童殺害事件がその例である。

事　例　児童自立支援施設の支援を得た発達障害の疑いのある少女

　　中学校3年のB子（広汎性発達障害の疑い）は、小学校5年の冬頃から家出などの非行が始まり、中学校1年生のときに車上狙いや友人宅への侵入等により、児童自立支援施設へ入所措置となった。その後、母親がうつ状態で自殺（未遂）を図り治療を要するなど、家庭環境も悪化していたが、

B子の通っていた中学校が受け入れに積極的であったことから復学に向けての支援を実施し、その後高校合格により終結となった事例である。

サポートの実施内容

　B子の家庭状況、交友関係等を把握するため、絵画療法を活用し、B子自身に1週間を振り返っての出来事や気分、結果を書かせるなどした。

　また、関係機関のアプローチとして、中学校は進学に向けた学習支援、児童自立支援施設は日誌と週1回の電話連絡、子ども家庭センターはB子と母親に対する月1回の面接、民生・児童委員は家庭訪問を通じた母親に対する生活環境支援、警察は月1回の親子並行面接を行った。

効　果

　広汎性発達障害の疑いがある課題を抱え、「禁止行為をすること」が楽しい、対人関係が形成しにくい等の問題点が認められたため、各関係機関が相互にかかわることで、児童自立支援施設主導から、進学にあたり、学校主導へと移っていった。そして、高校合格の目標設定を意識させ、家庭などの環境面からのサポートをすることで、再非行防止を図ることができた。

　親子間に極度の緊張関係があったが、警察において親子並行面接を繰り返し、また、民生・児童委員が家庭訪問をすることにより、次第に親子関係から緊張感がなくなり、良好な関係へと変化していった。

出典：「平成17年度　少年非行事例等に関する調査研究報告書」を一部改変

(3)　非行少年への対応

　非行傾向のある児童への福祉的対応は、図7−4のとおりであるが、ここでは、児童相談所、児童自立支援施設、少年院における支援についてみていくこととする。

児童相談所における支援

　家庭環境に非行の主な原因のある者、比較的低年齢の者などに対しては、児童相談所が対応する。児童相談所の調査判定に基づき、図7−3の①〜④の措置がとられる。

児童自立支援施設における支援

　児童自立支援施設とは、不良行為をし、またはするおそれのある18歳未満の児童および家庭環境その他の環境上の理由により生活指導等を要する児童を入所させ、あるいは、保護者のもとから通所させて、必要な生活指導等を行い、その自立を支援することを目的とする施設である（児童福祉法第44条）。児童自立支援施設の前身は、1947（昭和22）年に児童福祉法で定められた「教

図7－4　非行傾向のある児童への福祉的対応

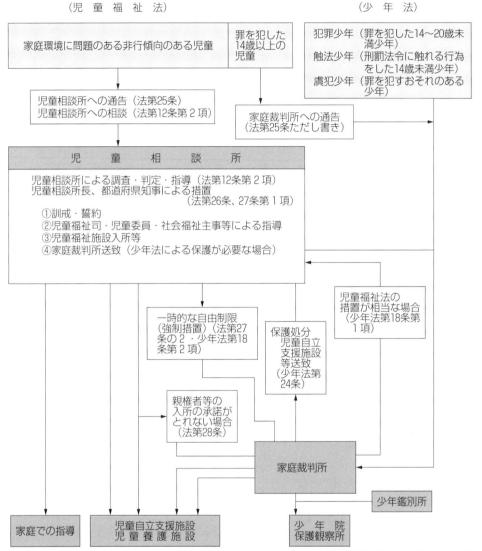

資料：厚生労働統計協会編『国民の福祉と介護の動向　2018／2019』厚生労働統計協会　2018年　p.103

護院」であり、1997（平成9）年の同法改正により名称は児童自立支援施設となった。

　入所児童の問題行動の背景には、親から適切な愛情や養育を受けることができなかったなど、家族の問題が影響していることが多い。そのため、寮長・寮母の夫婦が父母代わりとなり、家族的な雰囲気や温かい生活を通じて「育てなおし」が行われる。このような擬似家族的な安全で安心できる環境のなかで、他者への基本的な信頼感を育てることが理念となっている。そして、この信頼感は、社会へ出てからの人間関係の基礎をつくり、自立へとつながっ

ていく。

少年院における支援

　少年院は、家庭裁判所によって少年院送致を命じられた少年および懲役または禁固刑を言い渡された受刑者に対し、その健全な育成を図ることを目的として矯正教育、社会復帰支援等を行う施設である。

　従来、少年院は初等少年院、中等少年院、特別少年院、医療少年院の 4 種類があり、医療少年院を除けば、男子と女子に別々の施設が設けられていたが、2015（平成27）年 6 月施行の少年院法の改正により、新たに以下の 4 種類に区分されている（少年院法第 4 条）。

①　第一種少年院

　心身に著しい障害がない、おおむね12歳以上23歳未満の者を収容する（従来の初等少年院、中等少年院に相当）。

②　第二種少年院

　心身に著しい障害がない犯罪的傾向が進んだ、おおむね16歳以上23歳未満の者を収容する（従来の特別少年院に相当）。

③　第三種少年院

　心身に著しい障害がある、おおむね12歳以上26歳未満の者を収容する（従来の医療少年院に相当）。

④　第四種少年院

　少年院において、刑の執行を受ける者を収容する。

　少年院における矯正教育は、少年一人ひとりに定められた個別目標を新入期、中間期、出院準備期に分けて段階を追って達成できるように計画的に実施されている。その教育内容は、生活指導、職業指導、教科指導、体育指導および特別活動指導の 5 つから成り立っている。生活指導では、児童自立支援施設と同様に生活場面における指導と並行して治療的なプログラムも取り入れられている。自分自身のこれまでの生活や行動を振り返る個別面接、非行とかかわる問題性の改善を目的としたグループワークや被害者の視点を取り入れた教育などに力を入れる施設も増えてきている。

　加害者である少年が自らの犯罪と向き合い、犯した罪の大きさや被害者の心情を認識し、被害者に誠意をもって対応していくよう指導を一層充実させることが要請されているため、矯正・更生保護の処遇の現場では、被害者の視点を取り入れた教育等の充実強化が強調されてきている。

　また、円滑な社会復帰を図るため、さまざまな関係機関と連携を図りながら、在院者の帰住先や就労・修学先を確保するなど社会復帰支援に力を入れている。

8 子どもの貧困対策

(1) 子どもの貧困の実態

　厚生労働省が発表した「2016（平成28）年国民生活基礎調査」の結果によると、2015（平成27）年の子どもの貧困率は13.9％であり、前回の調査と比べて2.4％改善したことが、明らかになった。上昇傾向が続いていた子どもの貧困率が下降したのは2003（平成15）年以来12年ぶりである。世帯主が18歳以上65歳未満の子どもがいる現役世帯の子どもの貧困率は12.9％である。大人が2人以上の世帯貧困率は10.7％であるのに対して、ひとり親世帯の貧困率は50.8％と半数を超えている（図7−5）。前回調査の54.6％から改善傾向はみられるものの依然半数を超える貧困率となっている。

　また2015（平成27）年の貧困線（等価可処分所得の中央値の半分）は、前回の2012（同24）年と同じ122万円であった。貧困線に満たない世帯員の割合を示す相対的貧困率は15.6％で、前回調査よりも0.5ポイント改善した。

図7−5　貧困率の年次推移

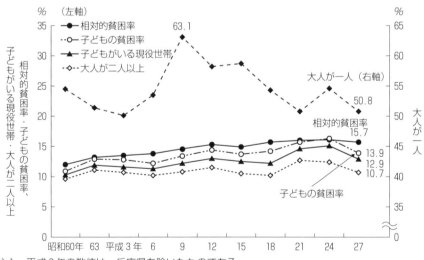

注1　平成6年の数値は、兵庫県を除いたものである。
　　2　平成27年の数値は、熊本県を除いたものである。
　　3　貧困率は、OECDの作成基準に基づいて算出している。
　　4　大人とは18歳以上の者、子どもとは17歳以下の者をいい、現役世帯とは世帯主が18歳以上65歳未満の世帯をいう。
　　5　等価可処分所得金額不詳の世帯員は除く。
資料　厚生労働省「平成28年国民生活基礎調査」2017年

しかし、生活意識別に世帯数の構成割合でみると、大変苦しい・苦しいを合わせて回答したのは56.5％で２年連続低下をしている。しかし、児童のいる世帯では前回より4.0％減少しているが、61.9％が苦しいと回答している。母子世帯では、大変苦しいが45.1％、やや苦しいが37.6％になった。つまり、母子世帯では大変苦しい・苦しいと回答した世帯は82.7％もある。

⑵　子どもの貧困対策の推進に関する法律

　この法律は、子どもの将来がその生まれ育った環境によって左右されることのないよう、貧困状況にある子どもが健やかに育成される環境を整備するとともに、教育の機会均等を図るため、子どもの貧困対策を総合的に推進することを目的としている。

　政府は、子どもの貧困対策を総合的に推進するための大綱を定めなければならないとされており、大綱では「子供の貧困対策に関する基本方針」「子どもの貧困率、生活保護世帯に属する子どもの高等学校等への進学率など、子どもの貧困に関する指標と当該指標に向けた施策」「教育の支援に関する事項」「生活の支援に関する事項」「保護者に対する就労の支援に関する事項」「経済的支援に関する事項」および「調査及び研究に関する事項」が定められている。そして、子どもの貧困対策会議（関係閣僚で構成）を設置することになっている。

⑶　子供の貧困対策に関する大綱

子どもの貧困対策の意義

　政府は、「子供の貧困対策に関する大綱」のなかで子どもの貧困対策の意義として「日本の将来を担う子供たちは国の一番の宝である。貧困は、子供たちの生活や成長にさまざまな影響を及ぼすが、その責任は子供たちにはない。子供の将来がその生まれ育った環境によって左右されることのないよう、また、貧困が世代を超えて連鎖することのないよう、必要な環境整備と教育の機会均等を図る子供の貧困対策は極めて重要である」としている。

子供の貧困対策に関する基本的な方針

　「子供の貧困対策に関する基本的な方針」は、「貧困の世代間連鎖の解消と積極的な人材育成を目指す」「第一に子供に視点を置いて、切れ目のない施策の実施等に配慮する」「子供の貧困の実態を踏まえて対策を推進する」などの10項目にわたって作成された。具体的な内容は以下の通りである。

「貧困の世代間連鎖の解消と積極的な人材育成を目指す」では、貧困の世代間連鎖を断ち切り、わが国の将来を支える積極的な人材育成策として取り組むとし、一人ひとりの活躍によって活力ある日本社会を創造していく、という両面の要請に応えるものとして子どもの貧困対策を推進するとされた。

「第一に子供に視点を置いて、切れ目のない施策の実施等に配慮する」では、子どもの貧困対策は、基本として、一般的な子ども関連施策をベースとするものであり、子どもの成育環境や保育・教育条件の整備、改善充実を図ることが不可欠として、子どもの成長段階に即して切れ目なく必要な施策が実施されるよう配慮し、児童養護施設等に入所している子どもや生活保護世帯の子ども、ひとり親家庭の子どもなど、支援を要する緊急度の高い子どもに対して優先的に施策を講じるよう配慮する必要があるとした。

「子供の貧困の実態を踏まえて対策を推進する」では、子どもの養育について家族・家庭の役割と責任を過度に重く見る考え方などの影響により、子どもの貧困の実態は見えにくく、捉えづらいといわれていることから、子どもの貧困対策に取り組むに当たっては、子どもの貧困の実態を適切に把握した上で、施策を推進していく必要があり、実態把握のための調査研究に取り組み、その成果を対策に生かしていくよう努めることも盛り込まれた。

子どもの貧困対策を進めるに当たっては、本大綱において子どもの貧困に関する指標を設定して、その改善に向けて取り組み、指標の動向を確認し、これに基づいて施策の実施状況や対策の効果等を検証・評価するとともに、必要に応じて対策等の見直しや改善に努めるとされた。

子どもの貧困に関する指標として、生活保護世帯に属する子どもの大学等進学率を32.9%（大学等19.2%、専修学校等13.7%）にする。さらに、児童養護施設の子どもの進学率及び就職率を22.6%（大学等12.3%、専修学校等10.3%）、就職率69.8%にすることなどが盛り込まれている。

(4)　新しい子どもの貧困対策

2018（平成30）年に生活困窮者自立支援法や生活保護法など4法が改正された。生活困窮者自立支援法の改正では、実施主体である自治体から子どもの学習支援強化として、生活習慣や育成環境の改善に関して、ひとり親家庭の親などにも支援を行うことを追加した上で「子どもの学習・生活支援事業」として展開することが盛り込まれた。また、生活保護法の改正では、生活保護受給世帯の子どもが高等学校卒業後に大学や専門学校に進学する際の、「進路準備給付金」を創設した。

図7-6　子どもの学習支援事業の強化（一時生活支援事業の拡充）

1．子どもの学習支援事業の強化

・子どもの学習支援事業について、学習支援に加え、以下を担う「子どもの学習・生活支援事業」として強化。
① 生活困窮世帯における子ども等の生活習慣・育成環境の改善に関する助言
② 生活困窮世帯における子ども等の教育及び就労（進路選択等）に関する相談に対する情報提供、助言、関係機関との連絡調整

生活困窮世帯の子ども等を取り巻く主な課題

学習面	生活面	親の養育
・高校進学のための学習希望 ・勉強、高校卒業、就労等の意義を感じられない	・家庭に居場所がない ・生活習慣や社会性が身についていない	・子どもとの関わりが少ない ・子育てに対する関心の薄さ

上記課題に対し、総合的に対応

子どもの学習・生活支援事業

学習支援 （高校中退防止の取組を含む）	生活習慣・育成環境の改善	教育及び就労（進路選択等）に関する支援
・日々の学習習慣の習慣づけ、授業等のフォローアップ ・高校進学支援 ・高校中退防止（定期面談等による細やかなフォロー等）　等	・学校・家庭以外の居場所づくり ・生活習慣の形成・改善支援 ・小学生等の家庭に対する巡回支援の強化等親への養育支援を通じた家庭全体への支援　等	高校生世代等に対する以下の支援を強化 ・進路を考えるきっかけづくりに資する情報提供 ・関係機関との連携による、多様な進路の選択に向けた助言　等

資料　厚生労働省「生活困窮者等の自立を促進するための生活困窮者自立支援法等の一部を改正する法律案の概要」2018年

子どもの学習支援事業の強化（一時生活支援事業の拡充）

　子どもの学習支援事業について、学習支援に加え、「生活困窮世帯における子ども等の生活習慣・育成環境の改善に関する助言」「生活困窮世帯における子ども等の教育及び就労（進路選択等）に関する相談に対する情報提供、助言、関係機関との連絡調整」が、「子どもの学習・生活支援事業」として強化された（図7-6）。

生活保護世帯の子どもの大学等への進学支援

　生活保護世帯の子どもの大学への進学率が全世帯の子どもより著しく低いことを踏まえ、貧困の連鎖を断ち切り、生活保護世帯の子どもの自立を助長するため、生活保護制度に起因する課題に対する支援策として、「大学等進学時の一時金の創設」が講じられた。また、大学などに進学した際に、新生活の立ち上げ費用として、自宅通学で10万円、自宅外通学で30万円という一時金を給付するとされた。

9 外国籍の子どもへの支援

⑴ 外国籍の子どもの実態

　文部科学省の調査によれば、2016（平成28）年度に公立学校の外国籍児童
生徒数は全国に7万3,089人にのぼる。このうち日本語指導が必要な児童生徒
数は3万7,095人（日本国籍7,897人、外国人2万9,198人）となっており、
この10年で約1.6倍に増加した。帰国子女だけでなく、外国から日本に定住
した保護者の子どもや、保護者の国際結婚により家庭内の言語が日本語以外
の日本国籍の子どもが含まれる。

　全国の小・中学校の半数以上で外国籍等の児童が在籍している。この背後
には家庭で日本語を話さない保護者の存在があることから、外国籍等の子ど
もを巡る課題は教育分野だけでなく、地域全体のさまざまな課題につながっ
ている。

⑵ 外国籍の子どもの貧困について

　外国籍等の子どもと貧困の関係を示唆する。2012（平成24）年度に行われ
た調査によれば、外国人が在住している都市において、外国籍等の生徒の約
80％が高校へ進学するが、日本全体の高校進学率が97％であるのに対してや
や低い。さらに、全日制高校へ進学した外国籍等の生徒の34.1％が、読み書
き等に課題を抱えるとされる。定時制高校の場合、その割合は66.4％にもの
ぼる。外国籍等の生徒は中退しやすく、また、定常的な就職が困難であるこ
とが指摘されている。すなわち、生徒本人の将来に渡る貧困につながる可能
性を示唆するものである。

　外国籍等の子どもの貧困問題は、入国した年齢によっては、母国語も十分
に話せないことから、さまざまなコミュニケーション上のストレスを子ども
自身が抱え込むことになる。外国籍等の子どもの貧困問題を整理すると次の
ようになる。

　①親の就業形態が不安定であるため就労時間を増やし、休暇も取りにくく、
　　学校等へ親の関心が向かない。また、子どもがコミュニケーション上必
　　要な語彙力を付ける前に入園・入学させることもあるため、子どもが学
　　校等で孤立感を高めやすい。

　②不規則な就労状況で親自身の日本語習得が遅れ、子どもの日本語が先に

　　上達する。親子の時間も十分につくれないため意思疎通が難しくなり、
　　親への尊敬の念が失われがちになる。

③将来に向けた選択肢の多様性がなくなる。つまり、日本語を母語にする
　児童生徒よりも圧倒的に語彙力が少ないことが経済的問題と言語・文化
　的な問題が学習にも影響し、高校・大学への進学断念や高校中退等が生
　じやすい。

④親の出身国から子どもを現地の学校を中退させて呼び寄せるため、日本
　の学校への進学問題に直面する。言語の問題だけでなく、子どもは精神
　的に不安定になりやすい。

⑤保護者の言語や就労状況のため経済的・教育的課題を解決するための相
　談や、制度を知る機会が乏しい。

　以上のように、日本語を母語とする子どもの貧困とほぼ同様の問題が生じ
ていると考えるが、親子間に信頼関係の欠如や、言語によるさまざまな障害
が生じ、問題はより複雑化している。現在は自治体ごとに学習支援を中心に
さまざまな対策が講じられているが、心のケアも含めた支援体制を整える必
要があるだろう。

(3)　帰国・外国人児童生徒に対する支援政策

　前述した課題に対応するため、文部科学省における帰国・外国人児童生徒
に対する支援政策として、日本語指導の充実のために、外国人児童生徒の日
本語指導を行う教員を加算して配置する措置を講じている。

　また、帰国・外国人児童生徒教育推進支援事業として、「公立学校におけ
る帰国・外国人児童生徒に対する支援事業」[16]「定住外国人の子どもの就
学促進事業」[17]「日本語指導者に対する研修の実施」[18]などを実施している。

(4)　今後の対応策

　日本語教育や多文化共生に理解のある教員が十分に配置されるとは限らな
い。また、複雑な家庭が多いことから、日本語指導以外のケアや、親への伝
達など外国語の補助が必要となる。このことからも教育関係者も含め、専門
家や行政関係者、地域住民が外国籍等の子どもやその家庭の実態を共有し、
支援するネットワークを構築する必要がある。そして、初等・中等教育だけ
でなく、幼児教育・保育の各ステージでの支援や、日本語支援だけ留まらな
い、多文化・福祉・医療・法律等の幅広い分野の専門家や地域の関係者の情

*16　公立学校における帰国・外国人児童生徒に対する支援事業
帰国・外国人児童生徒の受け入れから卒業までの一貫した指導・支援体制の構築を図るため、各自治体が行う受入促進・日本語指導の充実・支援体制の整備に関する取り組みを支援している。

*17　定住外国人の子どもの就学促進事業
不就学になっている外国人の子どもを対象に、公立学校や外国人学校への就学に必要な支援を学校外において実施する自治体の取り組みを支援している。

*18　日本語指導者に対する研修の実施
独立行政法人教員研修センターにおいて、外国人生徒教育に携わる教員や校長、副校長、教頭等の管理職及び指導主事を対象として、日本語指導法等を主な内容とした実践的な研修を実施している。

報共有や連携が必要である。

【初出一覧】
■第1節　蠣崎尚美「母子保健サービス」櫻井奈津子編『保育と子ども家庭福祉』みらい　2019年　pp.101－111/pp.113－115/pp.117－118
■第2節　平田美智子「子育て支援サービスと児童の健全育成」櫻井奈津子編『保育と子ども家庭福祉』みらい　2019年　pp.104－107
■第3・4節　佐藤高博「児童虐待とDV（ドメスティック・バイオレンス）」櫻井奈津子編『保育と子ども家庭福祉』みらい　2019年　pp.136－145
■第5節　戸田朱美「社会的養護」櫻井奈津子編『保育と子ども家庭福祉』みらい　2019年　pp.153－158
■第6節　上田征三「障がいのある子どもの福祉」櫻井奈津子編『保育と子ども家庭福祉』みらい　2019年　pp.183－188
■第7節　谷口卓「情緒障がい・少年非行問題」櫻井奈津子編『保育と子ども家庭福祉』みらい　2016年　pp.189－194
■第8節・第9節　波田埜英治「子どもを取り巻く諸問題」波田埜英治・辰己隆編『新版保育士をめざす人の子ども家庭福祉』みらい　2019年　pp.154－160

【参考文献】
齊藤万比古総編集、本間博彰・小野善郎責任編集『子どもの心の診療シリーズ5　子ども虐待と関連する精神障害』中山書店　2008年
社会福祉士養成講座編集委員会編『新・社会福祉士養成講座15　児童や家庭に対する支援と児童・家庭福祉制度　第6版』中央法規出版　2019年
鈴木眞理子・大溝茂編著『改訂　児童や家庭に対する支援と児童・家庭福祉制度』久美出版　2010年
吉田眞理『児童の福祉を支える　児童家庭福祉』萌文書林　2010年
植木信一編著『児童家庭福祉　新版』北大路書房　2014年
伊達悦子・辰巳隆編『改訂　保育士をめざす人の子ども家庭福祉』みらい　2019年
桐野由美子編『保育者のための社会福祉援助技術』樹村房　2006年
「社会的養護の課題と将来像」児童養護施設等の社会的養護の課題に関する検討委員会・社会保障審議会児童部会社会的養護専門委員会とりまとめ　2011年7月
石部元雄・上田征三・高橋実・柳本雄次編『よく分かる障害児教育（第3版）』ミネルヴァ書房　2013年
厚生労働統計協会編『国民の福祉と介護の動向　2019/2020』厚生労働統計協会　2019年
山根正夫・七木田敦編著『実例から学ぶ子ども福祉学』保育出版社　2010年

第8章

施設養護の実際

1　施設養護の基本原理

(1)　施設養護の特質

　施設養護の特質として、「子どもの権利を守る」「家庭に代わる生活の場」「自立支援」「専門職からの支援」をあげることができる。

　施設の子どもたちは、入所前は権利を侵害された生活を強いられてきている。そうした子どもたちを入所または通所させ、失われた子どもの権利を回復し、「子どもの最善の利益」を考慮した養護を実践する「家庭に代わる生活の場」を提供するのが施設養護である。

　児童養護系の施設は、家庭での養育が難しい子どもが入所し、集団で生活をしている。障害児が利用している施設では、障害のある子どもたちが、医療・日常生活動作の支援・機能訓練・教育等を受けながら生活をしている。どちらの施設も、個々の子どものライフステージに応じた「自立支援」を計画に基づき行っており、子どもたちは、生活全般の世話や教育、しつけ、社会的な自立の援助を行う児童指導員や保育士、心理療法を担当する心理療法担当職員、子どもの保護者に対する支援を行う家庭支援専門相談員、心身に障害がある子どもに医学的なリハビリテーションを行う理学療法士、作業療法士などの「専門職からの支援」を受けている。

(2)　施設養護の基本原理

個別化の原理

　施設養護にはさまざまな種別があり、それぞれの施設は子どもの福祉のニーズ（養護に欠ける、障害があるなど）に合わせて設置されている。子どもの福祉ニーズを満たすために施設を種別化することは、より専門的な支援やサービスを提供するためには都合がよいが、どうしても集団的処遇になり

やすい側面もある。

　入所や通所の理由が同じであったり、共通の課題はあるにせよ、施設を利用する子どもは、家庭的な背景や家族との関係、発達の程度、生育歴は一人ひとり違う。ゆえに一人ひとりに必要な支援内容や問題解決のゴール、解決までに必要な時間は違ってくるのであり、一人ひとりの状況に応じた支援をしていくことが求められる。これは、日本国憲法第13条の「すべて国民は、個人として尊重される」という規定に基づくものである。

親子関係の尊重の原理

　施設では、子どもと保護者の置かれた状況や意向を受けとめ、信頼関係のもと、親子関係の継続と改善または回復に努めながら、保護者とともに子どもの早期家庭復帰をめざさなければならない。子どもの成長発達を保護者と施設で協働に担うという姿勢が大切である。施設に入所していても、保護者が役割を担えるようにサポートする。

集団の活用の原理

　集団生活のなかで生じる仲間同士の相互作用の活用である。子どもの発達に集団の力（グループダイナミックス）を有効に活用する。職員は、施設でともに生活する子ども同士の相互作用が、親和的かつ建設的、上昇志向的になるように援助し、働きかける必要がある。

人間性回復の原理

　施設で生活する子どもは、さまざまな養護問題を抱えて入所をしてきている。不安定で安心できない生活環境や虐待など、人権が侵害された生活を強いられてきた子どももいる。そうした生活環境の影響で、心身の発達のゆがみや心の傷が生じている子どももいる。施設養護では、そのような子どもに安全で安心して暮らせる環境を提供し、人間らしい生活、個人が尊重される生活をとおして、人間性の回復を保障する。

社会復帰の原理

　子どもたちは、将来的には施設を退所し、自立した社会人として社会で生活していかなければならない。そのため施設では、子どもたちの自立をめざした支援が求められる。

人権擁護の原理

　施設に入所してくる子どもたちは、「生きる権利」「育つ権利」「守られる権利」「学ぶ権利」など、本来当たり前に享受できるはずの子どもの権利を享受することができていない。つまり、人権を侵害されて生活してきている。施設においては、それまでの権利侵害からの回復と子ども自身が本来有している権利を充足し、個々の権利を表明、代弁することができるような支援を

行わなければならない。

(3)　施設運営指針に基づく支援

　施設での養護は、その目的を「児童福祉法」に、施設の設備や人員の配置などの運営に関する基準を「児童福祉施設の設備及び運営に関する基準」で定めている。しかし、現状では各々の施設によって運営の質の差が大きいことが懸念されてきた。そうした格差を是正するために、施設種別ごとに、運営理念等を示す各施設の「施設運営指針」が作成され、2012（平成24）年3月に厚生労働省より通知された。

　各指針は、保育所における「保育所保育指針」に相当するもので、社会的養護施設における支援の内容と運営を定めたガイドラインであり、社会的養護のさまざまな担い手との連携のもとで、社会的養護を必要とする子どもたちへの適切な支援を実現していくことを目的としており、指針に基づいた養護の実践が図られている。

2　施設養護の展開過程

(1)　アドミッションケア

　アドミッションケアとは、施設養護を開始する前後に必要なケアである。児童相談所との連携により、子どもの問題と援助指針を理解し、必要な支援について検討・実施する。親から引き離されること、施設入所することなど、子どもにとっての生活環境の大きな変化に伴う不安や緊張を解消・緩和するための細やかな配慮が必要である。

　アドミッションケアでは、子どもや保護者への十分な説明と同意（インフォームドコンセント）が求められる。「子どもの最善の利益のために」の考えのもとに支援を考え、子ども自身の意向と選択を尊重しなければならない。

(2)　インケア

　インケアとは、施設内でのケアのことである。この段階で、児童相談所の援助指針を理解したうえで自立支援計画が策定されるが、ここでも子ども自

身の思いや希望を可能な限り聞き取ることが大切である。

　日々の生活支援のなかで、基本的生活習慣を身につける、社会性・自主性・自立の獲得、学習の支援と学習環境の整備、心理的ケアなど、個々の自立支援計画に基づいた支援が行われる。また、日常生活の支援や問題となる行動を解決するための治療的なかかわりなどのすべての支援が、退所後、自立した生活を送ることができるための自立支援に結びついている。

　病気や障害のある子どもには、医学的管理のもとに適切な療育が行われ、日常生活や遊び、機能訓練をとおして、生活に必要な基本的な習慣の伸長に向けた支援が行われる。また、早期の家庭復帰を実現させるための親子関係の再構築などの家庭環境の調整や保護者への支援もインケアの一つである。

(3)　リービングケア

　リービングケアとは、家庭復帰、施設退所、就労・自活などが予定されている子どもに対して実施される支援である。施設の子どもが施設を退所したのち、自分自身の力で、時には誰かの助けも借りながら、充実した社会生活を送ることができるようにするための支援である。

　自立に向けた支援は、インケアの段階から行われているが、リービングケアの段階では、個々の退所後の進路や生活環境に合わせた実践的な支援がなされる。社会生活で必要な生活技術を身につける訓練や実際に自立した生活体験を積む、就労をめざす子どもには職場体験・職場実習の実施などが行われる。

　退所を控えた子どもは、住み慣れた生活場所や人間関係からの別離の寂しさや新生活への期待や不安などが重なり、複雑で不安定な気持ちになる。そうした心情に寄り添いながら、自立への支援を計画的に進めていく必要がある。

(4)　アフターケア

　アフターケアとは、施設を退所した後に行われる支援である。施設に入所している子どもが退所する理由には、家庭復帰、里親委託、就労、他施設への措置変更・移動などがある。施設では、退所理由や退所の経緯、退所後の本人や家族の状況などを考慮したアフターケアが行われる。

　家庭復帰の場合の子どもとその家族の生活の支援は、児童福祉施設や児童相談所からの連絡、地域の民生委員・児童委員、保健所、学校などの地域の

社会資源を活用しながら行われる。また、虐待問題のある家庭には、市町村に設置されている要保護児童対策地域協議会が支援にあたる。

　就労自立の場合は、退所者の社会的自立を支援することになる。退所者の物理的・心理的な居場所を提供することや、就労についての悩みやトラブル、病気やけが、金銭問題など、具体的な問題解決や相談に対応する。

　里親へのアフターケアとしては、訪問支援、相互交流がある。措置変更に伴うアフターケアとしては、継続性を配慮した対応、引き継ぎを行う施設との情報共有と連携などがある。

3　施設養護のインケアの実際

　ここでは、児童養護施設での支援内容の実際をみながら、施設養護の特徴や原理をふりかえってみる。

(1)　個別化に基づく支援

　施設では、個々の子どもの目的の達成や課題克服のために必要な支援を、その子どもの性質や能力を考慮しながら行わなければならない。

　個別化とは施設側が判断し、必要とする個々の支援を行うことだけを意味するのではない。支援の主体となるのはあくまでも子ども自身である。施設にすでにあるケア、支援システムや機能に子どものニーズを合わせるのではなく、その子どもが希望する支援（自己確立・自己実現・自立）に向けたケアやシステムを築くことが必要である。

(2)　日常生活の支援

　子どもたちにとって、安心で安全な生活とは、1つめは物理的に安全で安心できる環境が保障されることである。そのためには、遊びや学習できる空間、静かに過ごすことができる空間、子ども用に調えられた食事、安全・安心な眠りが保たれる環境、無理のない程度の規則正しい生活リズムが求められる。2つめは精神的な安心が保障されることである。そのためには、子どもが「大切にされている」「愛されている」「守られている」「いつでも話を聴いてくれる大人がいる」を実感できることが求められる。

　そして施設養護の支援の多くは、日常生活を通じて行われる。

基本的生活習慣の獲得

　日常生活の支援としてまずあげられるのは、基本的生活習慣を身につけることである。基本的生活習慣は、人として社会生活を送るうえで身につけておくべきこと、また、身につけることが望ましい生活習慣や態度、行動の様式である。

　施設には、入所前に昼夜逆転に近い生活をしていた子どもや三食の食事を摂っていなかった子ども、歯磨きや手洗いなどが習慣化されていない子どもが少なくない。職員はそれぞれの子どもの習慣化の程度を見極め、粘り強く援助を続けることが必要である。

信頼関係の構築

　子どもと職員の信頼関係は、施設養護の役割を進めていくうえで不可欠である。信頼関係は、一朝一夕につくることはできない。たとえ職員が子どもに対する熱い想いを有していても、虐待や分離不安*¹などの体験をしてきた子どもたちは、親切な言葉ややさしさだけで、容易に大人を信用することはない。

　被虐待児の試し行動*²は、職員に焦りや緊張感を誘い、つい管理的な態度や支配的になってしまうことがある。こうしたときには、チームの職員の協力を得ながら、子どもの言動を理解する専門的な知識と誠実な対応を続ける。

　子どものために、「この子どもを何とかしたい」といった職員の熱意が過ぎると、子どもの負担となり、信頼関係に悪影響を及ぼすことがある。

学習の支援

　日本国憲法第26条は、すべての国民に教育を受ける権利を保障している。施設入所前の子どもの家庭は、家庭で落ち着いて学習に取り組む環境が整えられていないことが多い。なかには、親から登校を禁止されていたり、学用品等がそろわず学校に行かなくなった子どももいる。通学はしていたが、家庭環境が学習には適しておらず、宿題を忘れ、提出物が滞るうち、意欲を失い、学校からも学習からも遠のいてしまった子どももいる。そうした学習の遅れや学校生活から孤立した子どもの状況をふまえた学習の支援が必要となっている。

(3)　治療的支援

　児童養護施設では、虐待を受けた子ども、発達に課題がある子どもの入所が増加している。心の傷を治療する必要がある子どもも少なくない。また、虐待は受けてはいないが、親や家庭から分離され、学校や友だちと別れて入

*1　分離不安
幼い子どもは愛着対象者（安心できると感じている大人（多くは母親））から離され、その姿が見えなくなると不安になり泣きだす。分離不安は、一般的には2歳くらいまでにおさまっていくが、親との結びつきが弱い子どもは分離の不安が残ることもある。「親が自分を置いてどこかへ行ってしまうのではないか」「親の身に悪いことが起こっているのではないか」などの不安感をもち、「保育所や幼稚園に登園できない」「友だちと遊べない」「ひとりで寝るのを嫌がる」などの行動面に支障をきたすこともある。

*2　試し行動
被虐待児によくみられる行動である。自分を受け入れてもらいたい気持ちをもちながら、職員や里親らに対して、「この人は本当に自分を受け入れてくれるのか、あるいは拒絶するのか」「どのような行動がどこまで許されるのか」などを確認する（試す）ための行動である。あるときはべったりとしたよい関係がとれているかにみえるが、突然、攻撃的な行動や拒否的な行動をみせることがある。そうした子どもの振る舞いに職員や里親は、子どもの行動の意味がわからず振り回されてしまう。

所をした子どもたちは喪失感や失望感を抱えている。さらに最近は、広汎性発達障害、学習障害、注意欠陥多動性障害などの発達障害の子どもも増えてきている。軽重の違いはあるが、すべての入所児に治療的支援が必要となっている。しかし、虐待を受け、心に傷を抱えている子どもでも、すぐに個別の心理療法や精神療法を行う必要があるとは限らない。なによりも、継続的に安心で安全な生活環境を提供していくことが、治療的支援の一歩である。

(4)　集団の活用

　集団の規模は施設により異なるが、児童養護施設の生活はどの施設の暮らしも集団で営まれている。

　施設には、❶子ども同士の集団（子ども集団）、❷職員集団、❸子どもと大人（職員）で構成される集団があるが、集団の安定度は、子どもの情緒の安定と生活意欲に大きな影響をもっている。

　施設では個別化に基づく支援が行われているが、集団で生活することを活用し、意図的なグループ経験を通じて、個人および集団の社会的機能を高め、子どものもつ社会生活上の諸課題を達成するために、子どもたちが生活のルールをつくったり、夏祭り、クリスマス会などの企画を主体的に企画運営することもある。そうしたグループワークは、施設において、子どもの安全感の獲得、社会的規範の修得、対人関係の学習等をめざして行われることが多い。

(5)　家族への支援

家族支援

　児童養護施設においては、入所する子どもだけではなく、その家族もさまざまな問題や課題を抱えている。不安定な就労状況や貧困といった社会環境の変化に影響されるものや婚姻状態や夫婦関係等の家族関係などのほか、子育てに対する不安や負担感をもっているなど、家族を取り巻く状況、個々の価値観や意識が絡み合い、養護問題が生じている。そのため、施設での子どもへの支援だけではなく、家族への支援も必要となってくる。問題を抱えた家族を支援することは、親子関係や家庭環境を調整することであり、入所している子どもの家庭復帰にもつながる自立支援の一つである。

親子関係調整

　施設入所中、親子は離れて生活しているが、親子であることに変わりはない。家庭復帰の可能性の有無にかかわらず、施設入所中も子どもが家族の一

員である所属意識を持ち続け、家族が子どもに心を寄せ続けられ、離れて暮らす親子が良好な関係を維持していくため、また、崩れた親子の関係を回復し、修復するためには、親子関係調整が必要である。そのためには、保護者を養育の協働者ととらえ、面会・外出・夏冬の一時帰宅の実施、学校行事への参加など、子どもの養育に参加する機会を提供し、子どもの成長を身近に感じる機会を増やし、時間をかけて親子関係の再構築を図っていくことが求められる。

　親子関係の調整では、子どもの意思を尊重しなければならない。子どものなかには、親と会うことを望まない場合もある。無理な親子関係の調整は、子どもを傷つけ、かえって関係を悪化させることがあるため、子どもの気持ちを聞き、様子を把握する。また、入所児のなかには、親がいない子ども、親はいるが面会がない子どももいるので、そうした子どもたちへの配慮も忘れてはならない。

⑹　自立支援

自立支援とは

　1997（平成9）年の児童福祉法の改正により、養護施設は現在の児童養護施設と名称が変更され、児童養護施設や児童自立支援施設などの施設に、「自立支援」という視点が加えられた。法改正後、厚生省（現・厚生労働省）は、「児童自立支援ハンドブック」を1998（同10）年に発行し、「自立」および「自立支援」について、次のように説明している。

　児童の自立を支援していくとは、一人ひとりの児童が個性豊かでたくましく、思いやりのある人間として成長し、健全な社会人として自立した社会生活を営んでいけるよう、自主性や自発性、自ら判断し決定できる力を育て、児童の特性と能力に応じて基本的生活習慣や社会生活技術（ソーシャルスキル）、就労習慣と社会規範を身につけ、総合的な生活力が習得できるよう支援していくことである。もちろん、自立は社会生活を主体的に営んでいくことであって孤立ではないから、必要な他者や社会の助言、援助を求めることを排除するものではない。むしろそうした適切な依存は社会的自立の前提となるものである。そのためにも、発達期における十分な依存体験によって人間への基本的信頼感を育むことが、児童の自立を支援するうえで基本的に重要であることを忘れてはならない[1]。

　自立とは、「保護からの自立」「経済的自立」「精神的自立」などが重視されるが、それらを保障するためには、身近な人たちとの間に適度な相互依存関係（他者を適度に受け入れ、他者に適切に依存する）を築くことが必要である。そうした依存関係を受け入れることのできる基本的信頼感を育むための支援も自立支援なのである。適切な環境で生活をしていない子どもは、大人や社会への不信感、孤立感、不安感を抱いており、他者への信頼感が欠如し、自己を否定し、自信を喪失している。自立支援には、基本的信頼感、自己肯定感、自信を子ども自身に実感させ、獲得させるための専門的な知識や技術・経験に基づいた心理的な支援が求められる。

自立支援計画の策定

　個々の子どもの支援の目的を明確化し、達成するために、児童福祉施設の設備及び運営に関する基準第45条の２において、自立支援計画の策定が義務づけられている。

　自立支援計画を策定する際は、子ども自身や関係者からの十分な情報の収集に基づく的確なアセスメントが重要となる。また、子どもは日々成長し発達しており、保護者・家族状況にも変化が生じている。新たな課題の発生や家族状況の大きな変化がある際には、計画を見直すほか、子どもや保護者の参画を得て、計画を見直して（おおむね３か月に１度程度）いくことが望まれる。

(7)　地域の子育て支援

　家庭の養育力や地域の養育力が低下し、子育て支援の必要性が求められる時代である。児童養護施設のもっている、子どもの養育に関する専門的機能や施設設備を、地域の保護者へ提供し、子育てを支援し、虐待を予防する取り組みが必要となっている。

　すでに、地域子育てを支援するショートステイ事業、トワイライトステイ事業が展開されている。さらに、保育士、心理療法担当職員、個別対応職員、栄養士などの専門職による、子育て相談・助言、栄養相談、子育て情報等を提供し、地域の養育力の向上に役立てていく。

(8)　社会参加

　施設の支援は施設内だけで行われているわけではない。施設では地域社会のなかで活動し、子どもたちが社会参加をする喜びを感じられるような取り

組みも行っている。四季折々の行事を行ったり、学校や地域での催し物に参加したり、旅行やキャンプ、スポーツ観戦などの社会参加活動を行うことで、子どもたちは生活のなかで喜びを感じ、他人とのかかわりのなかでも自信をもつことができるようになる。そうした取り組みは、地域の協力が不可欠である。児童養護施設の地域化・小規模化の動きが進められるなか、地域のかかわりは子どもの自立に必要・有効な支援であることを認識し、施設は地域に協力を求め、地域に施設の資源を提供しながら、新しい地域と協働体制を築いていくことが必要となる。

4　施設養護の実際（児童養護系施設）

(1)　乳児院

施設の目的

　乳児院は、児童福祉法第37条に「乳児（保健上、安定した生活環境の確保その他の理由により特に必要のある場合には、幼児を含む。）を入院させて、これを養育し、あわせて退院した者について相談その他の援助を行うことを目的とする施設とする」と規定されている。

　対象は乳児（状況によっては幼児）であり、施設の役割は、①保護者などに代わって養育を行うこと、②退院した後も親子を支援することである。児童相談所が家庭の状況を調べ、乳児院での養育が必要と判断された場合に入所が決定される（措置制度）。

職員配置

　児童福祉施設の設備及び運営に関する基準（以下、設備運営基準）第21条では、乳児院に配置しなければならない職員を、医師（嘱託医）、看護師、個別対応職員、家庭支援専門相談員（ファミリーソーシャルワーカー）、栄養士、調理員、保育士、児童指導員、心理療法担当職員（ただし、心理療法を行う必要があると認められる乳幼児または保護者10人以上に心理療法を行う場合）と定めている。利用児童が乳児であることから、日常的に医療的な支援が必要である可能性が高い。そこで医師、看護師が配置されている。個別対応職員は虐待被害にあった子どもへの対応を主な目的としている。また、子どもの保護者など家庭に子どもを戻すための取り組みをする専門職として、家庭支援専門相談員が配置されている。栄養士、調理員は調理や食に関する支援をする専門職である。保育士、児童指導員は日常的な子どもの生活支援

にあたる。なお、2012（平成24）年より里親支援専門相談員（里親ソーシャルワーカー）を加置することができるようになった。このように、多岐にわたる専門性をもった職員が配置されることは、乳児院に求められる専門性の高さと乳児院を利用する親子が抱える課題の大きさを示している。

(2)　母子生活支援施設

施設の目的

　母子生活支援施設は、児童福祉法第38条で「配偶者のない女子又はこれに準ずる事情にある女子及びその者の監護すべき児童を入所させて、これらの者を保護するとともに、これらの者の自立の促進のためにその生活を支援し、あわせて退所した者について相談その他の援助を行うことを目的とする施設とする」と規定されている。

　利用対象は母子世帯であり、施設の役割は、①保護、②自立支援、③退所した後の相談その他の援助である。利用を希望する場合、直接施設または市町村の福祉事務所への申し込みにより入所が決定される。利用方法は、乳児院や児童養護施設において用いられている措置制度（都道府県の判断により入所が決定される）とは異なる。

職員配置

　設備運営基準第27条では、母子生活支援施設に配置しなければならない職員を、母子支援員、嘱託医、少年を指導する職員（少年指導員）＊3、調理員またはこれに代わるべき者とされている。また、心理療法を行う必要があると認められる母子が10人以上入所している場合には、心理療法担当職員を置かなければならないとされている。母子支援員として働くためには、保育士や社会福祉士、精神保健福祉士などの要件を満たす必要がある。また、少年指導員は明確な要件が設けられていないが、児童指導員任用資格や保育士資格をもつ職員が多い。母子支援員が主に母親に対する支援を行い、少年指導員が子どもへの支援を行う形で役割分担をしている。

＊3　少年を指導する職員（少年指導員）
子どもの日常生活援助を中心に、子どもの発達や成長面でのサポート、学習支援を行っている。

(3)　児童養護施設

施設の目的

　児童養護施設は、児童福祉法第41条に「保護者のない児童（乳児を除く。ただし、安定した生活環境の確保その他の理由により特に必要のある場合には、乳児を含む。）、虐待されている児童その他環境上養護を要する児童を入

所させて、これを養護し、あわせて退所した者に対する相談その他の自立のための援助を行うことを目的とする施設とする」と規定されている。

対象は、①保護者の不在、②虐待、③環境上養護を要する状況に置かれた子どもである。年齢要件については、原則として1歳から18歳までの子どもたちであるが、状況に応じて乳児や20歳まで延長することができる。施設の役割は、①養護つまり保護し、養育すること、②退所した者への相談、③自立のための援助である。乳児院同様に措置による利用となり、児童相談所が家庭の状況を調べ、児童養護施設での養育が必要と判断された場合に入所が決定される。

職員配置

設備運営基準第42条では、児童養護施設に配置しなければならない職員を、児童指導員、嘱託医、保育士、個別対応職員、家庭支援専門相談員、栄養士、調理員、看護師（乳児が入所している場合）と定めている。また、心理療法を行う必要があると認められる子ども10人以上に心理療法を行う場合には、心理療法担当職員を置かなければならない。なお、里親支援専門相談員、職業指導員、医療的ケアを担当する職員を加配により置くことができる。乳児院同様に多様な職種の職員がそれぞれの専門性のもと、入所している子どもたちの支援にあたっている。

5 施設養護の実際（障害児系施設）

(1) 障害児入所施設

施設の目的

2010年（平成22）年の児童福祉法改正により、障がいのある子どもたちが身近な地域で支援を受けられるよう、障害種別で専門分化されていた障害児入所施設は「障害児入所支援」として一元化され、日常的な医療ケアの必要性の有無により、「福祉型障害児入所施設」と医療法に基づく病院機能を有する「医療型障害児入所施設」の2種別になった。なお、同施設は児童福祉法第7条に規定された児童福祉施設で、その目的は次のとおりである。

> 第42条　障害児入所施設は、次の各号に掲げる区分に応じ、障害児を入所させて、当該各号に定める支援を行うことを目的とする施設とする。
> 　一　福祉型障害児入所施設　保護、日常生活の指導及び独立自活に必要な知識技能の付与
> 　二　医療型障害児入所施設　保護、日常生活の指導、独立自活に必要な知識技能の付与及び治療

　入所施設へ一元化する際に、「福祉型障害児入所施設」には、旧施設体系のうち知的障害児施設、第二種自閉症児施設、盲児施設、ろうあ児施設、肢体不自由児施設、肢体不自由児療護施設が移行し、「医療型障害児入所施設」に、医療法に基づく病院としての機能を有した肢体不自由児施設、第一種自閉症施設、重症心身障害児施設が移行した。この経緯から、元の施設の特性により「主として知的障害のある児童を入所させる施設」「主として自閉症児を入所させる施設」「主として盲ろうあ児を入所させる施設」「主として肢体不自由のある児童を入所させる施設」「主として重症心身障害児を入所させる施設」といった種別体系が残っている（児童福祉施設の設備及び運営に関する基準（以下、設備運営基準））。
　今後は旧施設の特性を活かしつつも一層の一元化が進められ、障害区分の壁を取り払い多様な障がいを受け入れる施設への移行が図られる。

利用児童

　利用児童の障害種別について「福祉型障害児入所施設」と「医療型障害児入所施設」で区別はないが、前述のとおり、改正児童福祉法の施行（2012（平成24）年4月1日）前に設置された施設では、種別体系が残っており、利用児童の障がい特性に傾向がある（表8-1）。また、近年、地域での障害児支援サービスが整備されつつあるなか、「福祉型」においては、虐待をはじ

表8-1　障害児入所施設の利用児童

施　設		主な利用児童の特徴
福祉型障害児入所施設	日常的に医療的なケアを必要としない障がい状況の子どもが入所	知的機能・適応機能に障がいがある子ども
		視覚に障がいがある子ども
		聴覚に障がいがある子ども
		肢体不自由のある子ども
		自閉症などの発達に障がいのある子ども
医療型障害児入所施設	日常的に医療的なケアを必要とする障がい状況の子どもが入所	重症心身障害児
		肢体不自由のある子ども
		自閉症などの発達に障がいのある子ども

表 8 − 2　福祉型障害児入所施設の職員配置

設備運営基準の施設類型	配置職員		配置基準
主として知的障害のある児童を入所させる施設	児童指導員 保育士 嘱託医※1 栄養士※2 調理員※2 児童発達支援管理責任者 心理指導担当職員※3 職業指導員※4		児童指導員・保育士総数 入所児童概ね4.3人に1人以上 （児童30人以下の場合は1人加配）
主として自閉症児を入所させる施設		医師※1 看護師	児童指導員・保育士総数 同上 看護師数は入所児童20人に1人以上
主として盲ろうあ児を入所させる施設			児童指導員・保育士総数 乳幼児概ね4人に1人以上 少年概ね5人に1人以上 （児童35人以下の場合は1人加配）
主として肢体不自由のある児童を入所させる施設		看護師	児童指導員・保育士総数 入所児童3.5人に1人以上

※1　「主として知的障害のある児童を入所させる施設」と「主として自閉症児を入所させる施設」の嘱託医及び医師は、精神科又は小児科の診療に相当の経験を有する者、「主として盲ろうあ児を入所させる施設」の嘱託医は眼科又は耳鼻咽喉科の診療に相当の経験を有する者。
※2　児童40人以下を入所させる施設では栄養士を、調理業務を全部委託している施設では調理員を置かないことができる。
※3　心理指導を行う必要があると認められる児童5人以上に心理指導を行う場合に配置。
※4　職業指導を行う場合に配置。
資料：児童福祉施設の設備及び運営に関する基準より作成

表 8 − 3　医療型障害児入所施設の職員配置

設備運営基準の施設類型	配置職員		配置基準
主として自閉症児を入所させる施設	医療法に規定する病院として必要な職員※3 児童指導員		児童指導員・保育士総数 入所児童概ね6.7人に1人以上
主として肢体不自由のある児童を入所させる施設※1		理学療法士又は作業療法士	児童指導員・保育士総数 乳幼児概ね10人に1人以上 少年概ね20人に1人以上
主として重症心身障害児を入所させる施設※2	保育士 児童発達支援管理責任者	理学療法士又は作業療法士 心理指導を担当する職員	―

※1　「主として肢体不自由のある児童を入所させる施設」の長及び医師は、肢体の機能の不自由者の療育に関して相当の経験を有する医師でなければならない。
※2　「主として重症心身障害児を入所させる施設」の長及び医師は、内科、精神科、医療法施行令の規定により神経と組み合わせた名称の診療科、小児科、外科、整形外科又はリハビリテーション科の診療に相当の経験を有する医師でなければならない。
※3　「医療法に規定する病院として必要な職員」とは、当該病院の有する病床の種別に応じ、厚生労働省令で定める員数の医師及び歯科医師のほか、都道府県の条例で定める員数の看護師その他の従業者（医療法第21条第1項）をいう。
資料：表8−2に同じ

めとする養育困難家庭の子どもが入所する傾向や、「医療型」においては、入所児童の障がいが重度化してきている傾向がある。

職員配置

　職員配置は、設備運営基準において、旧施設種別の特性に応じて、以下のとおり規定されている（表8－2、表8－3）。

⑵　児童発達支援センター

施設の目的

　2010年（平成22）年の児童福祉法改正により、それまで障害者自立支援法で実施されていた児童デイサービスと、児童福祉法で実施されていた障害児通園施設・事業が一元化され、「障害児通所支援」として創設された。

　障害児通所支援には、児童発達支援、医療型児童発達支援、放課後等デイサービス、保育所等訪問支援（第6条の2の2）があり、これらを提供する児童福祉施設が「児童発達支援センター」（第7条）である。児童発達支援センターは医療的ケアの有無により「福祉型」と「医療型」に分けられている。児童福祉法に規定された目的は、次のとおりである。

> 第43条　児童発達支援センターは、次の各号に掲げる区分に応じ、障害児を日々保護者の下から通わせて、当該各号に定める支援を提供することを目的とする施設とする。
> 一　福祉型児童発達支援センター　日常生活における基本的動作の指導、独立自活に必要な知識技能の付与又は集団生活への適応のための訓練
> 二　医療型児童発達支援センター　日常生活における基本的動作の指導、独立自活に必要な知識技能の付与又は集団生活への適応のための訓練及び治療

　児童発達支援センターは、通所利用する子どもや家族の支援だけでなく、施設の有する専門機能を活かして、地域の障がいのある子どもやその家族への支援、障がいのある子どもを預かる施設への援助・助言をあわせて行う地域の中核的な療育支援拠点としての役割と、関係機関や児童発達支援事業所等と連携を図りながら重層的な支援ネットワークを形成して地域支援体制を強化する役割も担っている。

　職員配置は、設備運営基準において、旧施設種別の特性に応じて、以下のとおり規定されている（表8－4）。

表8－4　児童発達支援センターの職員配置

設備運営基準の施設類型		配置職員		配置基準
福祉型児童発達支援センター	主として知的障害のある児童を通わせる施設	児童指導員 保育士 嘱託医※1 栄養士※2 調理員※2		児童指導員・保育士・機能訓練担当職員の総数 児童概ね4人に1人以上
	主として難聴児を通わせる施設		言語療法士	児童指導員・保育士・言語療法士・機能訓練担当職員の総数 児童概ね4人に1人以上 （うち言語療法士は4人以上）
	主として重症心身障害児を通わせる施設	児童発達支援管理責任者 機能訓練担当職員※3	看護師	児童指導員・保育士・看護師・機能訓練担当職員の総数 児童概ね4人に1人以上 （うち機能訓練担当職員は1人以上）
医療型児童発達支援センター		医療法に規定する診療所として必要な職員 児童指導員・保育士・看護師 理学療法士又は作業療法士 児童発達支援管理責任者		―

※1 「主として知的障害のある児童を通わせる施設」の嘱託医は、精神科又は小児科の診療に相当の経験を有する者、「主として難聴児を通わせる施設」の嘱託医は、眼科又は耳鼻咽喉科の診療に相当の経験を有する者、「主として重症心身障害児を通わせる施設」の嘱託医は、内科、精神科、医療法施行令の規定により神経と組み合わせた名称の診療科、小児科、外科、整形外科又はリハビリテーション科の診療に相当の経験を有する医師でなければならない。
※2 児童40人以下を入所させる施設では栄養士を、調理業務を全部委託している施設では調理員を置かないことができる。
※3 日常生活を営むのに必要な機能訓練を行う場合。
資料：表8－2に同じ

6　施設養護の実際（治療・行動系施設）

(1)　児童心理治療施設

施設の目的

　児童心理治療施設は、児童福祉施設の一つであり、「家庭環境、学校における交友関係その他の環境上の理由により社会生活への適応が困難となつた児童を、短期間、入所させ、又は保護者の下から通わせて、社会生活に適応するために必要な心理に関する治療及び生活指導を主として行い、あわせて退所した者について相談その他の援助を行う」（児童福祉法第43条の2）ことを目的に設置されている。

　児童福祉法において、以前は情緒障害児短期治療施設と呼ばれており、児

童心理治療施設は通称であったが、2016（平成28）年の児童福祉法の改正により正式に名称が変更となった。

　児童心理治療施設では、心理（情緒）的、環境的に不適応を示している子どもたちに、医療的な観点から生活支援を基盤とした心理治療を行い、施設内の分級など学校教育との緊密な連携を図りながら、総合的な治療・支援を行っている。

　児童心理治療施設は、病院・医療型、学校型、生活型の3つのタイプに分けることができる。病院・医療型は、精神科病院や小児科病院に併設されており、学校型は、不登校児童を中心に特別支援学校などに併設して寄宿舎のような役割を果たしている。生活型は、児童養護施設に精神科医師や臨床心理士を配置し、治療的機能を付加し、福祉、医療、心理、教育の協働により総合環境療法を行っている。利用形態は、入所と保護者のもとから通う通所がある。なかには通所の機能をもたない施設もある。

職員配置

　職員配置は、児童福祉施設の設備及び運営に関する基準第73条に定められており、医師、心理療法担当職員、児童指導員、保育士、看護師、個別対応職員、家庭支援専門相談員、栄養士および調理員を置かなければならない。心理療法担当職員は常勤で、子ども7人につき1人以上、児童指導員および保育士の総数は、おおむね子ども3人につき1人以上となっている。児童心理治療施設は、児童精神科等の医師に常時連絡がつき対応できる体制があり、また、心理療法担当職員の配置が厚く、アセスメント*4、コンサルテーション*5、心理療法やカウンセリングを行うことのできる体制が整えられている。

(2)　児童自立支援施設

施設の目的

　児童自立支援施設は、児童福祉施設の一つであり、児童福祉法第44条で「不良行為をなし、又はなすおそれのある児童及び家庭環境その他の環境上の理由により生活指導等を要する児童を入所させ、又は保護者の下から通わせて、個々の児童の状況に応じて必要な指導を行い、その自立を支援し、あわせて退所した者について相談その他の援助を行うことを目的とする施設」と規定されている。

　素行不良の子どもを収容し、従来の生活環境から離して教育を行う施設として少年院*6もあるが、少年院が、規律ある生活のもと矯正教育を目的としているのに対して、児童自立支援施設は、家庭的な雰囲気のなかで、心身

＊4　アセスメント
アセスメントとは、評価・査定という意味で、対象となる子どもを理解するために行う面接や心理検査などである。子どもの症状などの特徴を評価・分類することで、心理療法などの支援を行う際に役立てる。

＊5　コンサルテーション
コンサルテーションとは、コンサルタントによるコンサルティへの助言指導である。ここでは、心理療法担当職員が、施設の専門職（保育士など）に、その専門性に沿った情報提供や助言をすることである。

＊6　少年院
少年院への送致の対象となるのは「おおむね12歳以上」である。

ともに健やかな成長を促し、自立を支援することを目的にしている。

　児童自立支援施設は、感化院（感化法）→少年教護院（少年教護法）→教護院（児童福祉法）→児童自立支援施設（1997〈平成9〉年の児童福祉法改正）と名称が変わってきたが、その歴史をとおして共通する点は、「不良行為をなす」または「なすおそれのある」子どもを一貫して対象にしてきていることである。

職員配置

　職員配置は、設備運営基準第80条に定められており、児童自立支援専門員、児童生活支援員、嘱託医および精神科の診療に相当の経験を有する医師または嘱託医、個別対応職員、家庭支援専門相談員、栄養士ならびに調理員、心理療法を行う必要があると認められる子ども10人以上に心理療法を行う場合には、心理療法担当職員を、実習設備を設けて職業指導を行う場合には、職業指導員を置かなければならない。児童自立支援専門員および児童生活支援員の総数は、おおむね子ども4.5人につき1人以上とされている。また、学校の教員（公教育導入した施設）・学科指導員なども支援を行っている。

【初出一覧】
■第1〜3節　森時尾「施設養護の特質と基本原則」大竹智・山田利子編『保育と社会的養護原理（第2版）』みらい　2017年　pp.104-115
■第4節　和田上貴昭「施設養護の実際1（児童養護系施設）」大竹智・山田利子編『保育と社会的養護原理（第2版）』みらい　2017年　pp.118-128
■第5節　野田敦史「施設養護の実際2（障害児系施設）」大竹智・山田利子編『保育と社会的養護原理（第2版）』みらい　2017年　pp.136-138
■第6節　前田信一「施設養護の実際3（治療・行動系施設）」大竹智・山田利子編『保育と社会的養護原理（第2版）』みらい　2017年　pp.143-144

【引用文献】
1）児童自立支援対策研究会編『子ども・家族の自立を支援するために―子ども自立支援ハンドブック』日本児童福祉協会　2005年
2）文部科学省ホームページ「特別支援教育について」
　http://www.mext.go.jp/a_menu/shotou/tokubetu/004/007.htm（平成28年1月6日閲覧）
3）バイステックF.P.（尾崎新・福田俊子・原田和幸訳）『ケースワークの原則〔新訳改訂版〕―援助関係を形成する技法』誠信書房　2006年

【参考文献】
伊達悦子・辰己隆編『保育士をめざす人の社会的養護』みらい　2012年
辰己隆・岡本眞幸編『改訂　保育士をめざす人の社会的養護内容』みらい　2013年

神戸賢次・喜多一憲編『新選・児童の社会的養護原理』みらい　2011年
庄司順一・鈴木力・宮島清編『施設養護実践とその内容』福村出版　2011年
林浩康『子どもと福祉—子ども・家族支援論—　第 2 版』福村出版　2013年
小池由佳・山縣文治編著『社会的養護（第 2 版)』ミネルヴァ書房　2012年
山縣文治・林浩康編著『社会的養護の現状と近未来』明石書店　2007年
網野武博『児童福祉学—「子ども主体」への学際的アプローチ』中央法規出版　2002年
日本家政学会編『家庭生活の経営と管理』朝倉書店　1989年
『子どもが語る施設の暮らし』編集委員会編『子どもが語る施設の暮らし 2』明石書店
　2003年
村井美紀・小林英義編著『虐待を受けた子どもへの自立支援—福祉実践からの提言』中
　央法規出版　2002年
児童養護施設等の社会的養護の課題に関する検討委員会・社会保障審議会児童部会社会
　的養護専門委員会とりまとめ「社会的養護の課題と将来像」2011年
東京都福祉保健局「東京都における児童養護施設等退所者へのアンケート調査報告」
　2012年

索　引

【あ行】

新しい社会的養育ビジョン　41　114
アドミッションケア　133
アフターケア　134
意見表明権　46
石井十次　30
石井亮一　30
一般会計　57
医療ソーシャルワーカー　86
インケア　133
NPO法人　71
エリザベス救貧法　24
岡山孤児院　30
オンブズパーソン　48

【か行】

介護支援専門員　86
介護福祉士　81
介護保険法　56
家庭支援専門相談員　85
家庭相談員　83
家庭的養護　86
家庭養育　43
基本的人権　12　44
救護法　30
苦情解決　49
グリフィス報告　26
ケアマネジャー　86
健康診査　100
権利擁護　46
工場法　24
厚生労働省　66
高齢者の医療の確保に関する法律　55
高齢者保健福祉推進十カ年戦略　32
子ども・子育て支援法　63
子ども虐待　106
子どもの権利　44
子どもの権利ノート　49
子どもの最善の利益　20
子どもの貧困　19　124
子供の貧困対策に関する大綱　115　125
子どもの貧困対策の推進に関する法律　64　125

コミュニティ・ケア　26
戸令　29

【さ行】

財政　64
里親　91
里親委託ガイドライン　115
施設養護　89
施設養護の基本原理　131
慈善組織協会　25
児童委員　96
児童買春禁止法　61
児童家庭支援センター　96
児童虐待の防止等に関する法律　62
児童憲章　36
児童権利宣言　45
児童厚生員　84
児童厚生施設　105
児童指導員　84
児童自立支援施設　147
児童自立支援専門員　85
児童自立生活援助事業　90
児童心理治療施設　146
児童生活支援員　85
児童相談所　68　92
児童手当法　61
児童の遊びを指導する者　84
児童の権利に関する条約　36　45
児童の最善の利益　46
児童発達支援センター　145
児童福祉司　83
児童福祉施設の設備及び運営に関する基準　49
児童福祉法　36　53
児童扶養手当法　59
児童養護施設　141
社会的養護の課題と将来像　41
社会福祉　10
社会福祉協議会　70
社会福祉士　81
社会福祉施設　73
社会福祉施設の設備及び運営に関する基準　75
社会福祉主事　82
社会福祉法　51

社会福祉法人　69

社会保障審議会　66

社会保障制度　11

恤救規則　29

主任児童委員　96

障害児　115

障害児通所支援　117

障害児入所支援　118

障害児入所施設　142

障害児福祉手当　60

障害者総合支援法　57

小規模住居児童養育事業　92

少子化社会対策基本法　63

少年法　63　118

自立援助ホーム　90

自立支援　138

自立支援計画　139

身体障害児　115

身体障害者更生相談所　68

身体障害者福祉法　54

身体的虐待　106

心理的虐待　107

健やか親子21　103

生活保護法　52

精神保健及び精神障害者福祉に関する法律　56

精神保健福祉士　82

性的虐待　107

セツルメント運動　25

ソーシャルインクルージョン　16

措置制度　97

措置費　77

【た行】

第1種社会福祉事業　75

第2種社会福祉事業　75

第三者評価　49

滝乃川学園　30

男女共同参画　19

地域福祉活動　37

知的障害児　116

知的障害者更生相談所　68

知的障害者福祉法　54

DV防止法　62

トインビー・ホール　25

特別児童扶養手当　60

特別児童扶養手当等の支給に関する法律　59

特別障害者手当　60

留岡幸助　30

ドメスティック・バイオレンス　109

【な行】

乳児院　140

ネグレクト　107

ノーマライゼーション　15

【は行】

配偶者からの暴力の防止及び被害者の保護に関する法律　62

配偶者暴力相談支援センター　110

発達障害児　116

バンク・ミケルセン　15

ファシリテーション　39

ファシリテーター　39

ファミリーソーシャルワーカー　85

ファミリーホーム　92

福祉事務所　67

婦人相談所　69

ベヴァリッジ報告　25

保育士　80

放課後子ども総合プラン　105

放課後児童クラブ　105

放課後児童健全育成事業　105

訪問介護員　86

ホームヘルパー　86

保健指導　102

母子・父子自立支援員　83

母子及び父子並びに寡婦福祉法　55

母子支援員　84

母子生活支援施設　141

母子保健　100

母子保健法　60

【や行】

要保護児童対策地域協議会　96　108

【ら行】

リービングケア　134

リッチモンド　27

老人福祉法　54

保育士資格取得
特例教科目テキストシリーズ

福祉と養護【第3版】

2014 年 9 月 1 日	初版第1刷発行
2016 年 4 月 1 日	第2版第1刷発行
2020 年 1 月 1 日	第3版第1刷発行
2024 年 3 月 1 日	第3版第3刷発行

編　　集　　「福祉と養護」編集委員会

発 行 者　　竹鼻　均之

発 行 所　　株式会社みらい

〒500-8137　岐阜市東興町40　第5澤田ビル
TEL　058-247-1227(代)
FAX　058-247-1218
https://www.mirai-inc.jp/

印刷・製本　　サンメッセ株式会社

ISBN978-4-86015-509-4 C3036
Printed in Japan　　　　　　　　乱丁本・落丁本はお取り替え致します。